Workbook/Laboratory Manual for ¿Cómo se dice... ?

Fourth Edition

Ana C. Jarvis

Chandler-Gilbert Community College

Raquel Lebredo

California Baptist College

D. C. Heath and Company
Lexington, Massachusetts   Toronto

Published simultaneously in Canada.

Printed in the United States of America.

International Standard Book Number: 0-669-19616-9

10 9 8 7 6

Preface

The **Workbook/Laboratory Manual** is a fully integrated component of *¿Cómo se dice... ?*, Fourth Edition, a complete introductory Spanish program for the college level. Used in conjunction with the Audio Cassette Program, it focuses on further development of all four language skills: listening, speaking, reading, and writing, while reinforcing the grammar and vocabulary presented in the Student Text. The **Workbook/ Laboratory Manual** has been designed to be used as a key supplement to the activities and exercises that appear in the Student Text. To effectively use this component, students should fully understand its organization and contents as described below.

Organization and Contents

Each lesson of the **Workbook/Laboratory Manual** has been correlated to the Student Text. To facilitate the use and maximize the effectiveness of this supplement, the Workbook and Laboratory Manual sections have been combined on a lesson-by-lesson basis. Whereas in previous editions these two components appeared as separate sections, they have been merged in the Fourth Edition. Each lesson begins with a section entitled *Workbook Activities*, and is followed by another entitled *Laboratory Activities*.

The **Workbook/Laboratory Manual** begins with the section, *Introduction to Spanish Sounds*. This printed accompaniment to the audio cassette segment is intended to assist students in forming the initial connection between sounds and letters that they will need to learn in order to pronounce Spanish correctly. Following this introduction, the Workbook and Laboratory activities are provided for Pasos 1-3 and for the regular text lessons.

Workbook Activities

This section contains exercises designed to reinforce the grammar and vocabulary presented in the textbook and to develop students' writing skills. It features a variety of exercise formats, including completions, sentence builders, fill-ins, completion of charts, crossword puzzles, and illustration-based activities. After every two lessons, the *Check Your Progress* section provides a comprehensive review of key vocabulary and structures. An *Answer Key* to all written lesson exercises is provided at the end of the **Workbook/Laboratory Manual**, enabling students to monitor their progress throughout the program.

Laboratory Manual/Audio Cassette Program

The complete Audio Cassette Program that accompanies *¿Cómo se dice... ?*, Fourth Edition, provides approximately 18 hours of practice in listening, speaking, and writing Spanish. Intended for use with the *Laboratory Activities* sections of the **Workbook/Laboratory Manual**, the first tape begins with the *Introduction to Spanish Sounds*. The *Laboratory Activities* sections are designed to enable students to follow the taped exercises in the Audio Program. It is comprised of the following major sections:

I. The lesson dialogues, which are read twice: the first time at normal speed and the second time with pauses for student repetition.

During the first reading students should listen carefully to the speakers' pronunciation and intonation patterns. The paused version offers students the opportunity to practice the dialogue lines by imitating native speakers. Over time, such repetition should help improve both speaking and listening skills.

The dialogue is followed by a comprehension activity in which students must respond to a series of questions about the contents of the dialogue.

II. The pronunciation section offers further practice of the items presented in the corresponding segments of the text lessons.

III. The section entitled *Let's Practice* provides a variety of activities designed to reinforce the key grammar structures presented in each lesson.

IV. The *Listening Comprehension* section is new to this edition, and gives students the opportunity to listen to brief dialogues related to the lesson's theme. A short comprehension activity follows each dialogue.

V. Also new to the Fourth Edition are the *Listening and Writing Activities*, which are based on simulated commercials, announcements, newscasts, and other realistic listening experiences. After listening to each item, students are asked to fill out simulated documents, such as applications, medical forms, lists, and charge forms.

The **Workbook/Laboratory Manual** for *¿Cómo se dice... ?* is an important component of the Fourth Edition. An effective use of the materials offered here will allow students to manage their time more sensibly by making them aware of their weaknesses and strengths, thereby enabling them to focus on those areas in which further practice is required. Students are therefore encouraged to use these materials consistently on a weekly basis as they advance in the text, and to track their progress through self-correction.

¡Buena suerte!

Ana C. Jarvis
Raquel Lebredo

Contents

Introduction to Spanish Sounds – Laboratory Activities   1

Pasos 1–3 – Workbook Activities   5

Pasos 1–3 – Laboratory Activities   9

Lección 1 – Workbook Activities   13

Lección 1 – Laboratory Activities   17

Lección 2 – Workbook Activities   21

Lección 2 – Laboratory Activities   27

Check Your Progress – Lecciones 1 y 2   31

Lección 3 – Workbook Activities   35

Lección 3 – Laboratory Activities   39

Lección 4 – Workbook Activities   43

Lección 4 – Laboratory Activities   49

Check Your Progress – Lecciones 3 y 4   53

Lección 5 – Workbook Activities   55

Lección 5 – Laboratory Activities   59

Lección 6 – Workbook Activities   63

Lección 6 – Laboratory Activities   71

Check Your Progress – Lecciones 5 y 6   75

Lección 7 – Workbook Activities   79

Lección 7 – Laboratory Activities   85

Lección 8 – Workbook Activities   89

Lección 8 – Laboratory Activities   95

Check Your Progress – Lecciones 7 y 8   99

Lección 9 – Workbook Activities   103

Lección 9 – Laboratory Activities   109

Repaso – Lecciones 1–9   113

Lección 10 – Workbook Activities   115

Lección 10 – Laboratory Activities   121

Check Your Progress – Lecciones 9 y 10   125

Lección 11 – Workbook Activities   127

Lección 11 – Laboratory Activities   133

Lección 12 – Workbook Activities   137

Lección 12 – Laboratory Activities   143

Check Your Progress – Lecciones 11 y 12   147

Lección 13 – Workbook Activities   151

Lección 13 – Laboratory Activities   155

Lección 14 – Workbook Activities   159
Lección 14 – Laboratory Activities   165
    Check Your Progress – Lecciones 13 y 14   169
Lección 15 – Workbook Activities   173
Lección 15 – Laboratory Activities   177
Lección 16 – Workbook Activities   181
Lección 16 – Laboratory Activities   187
    Check Your Progress – Lecciones 15 y 16   191
Lección 17 – Workbook Activities   195
Lección 17 – Laboratory Activities   199
Lección 18 – Workbook Activities   203
Lección 18 – Laboratory Activities   213
    Check Your Progress – Lecciones 17 y 18   217
    Repaso – Lecciones 10 –18   219
Answers to Workbook Exercises   223
Answers to Laboratory Manual Dictations   233

LECCIÓN 7 WORKBOOK ACTIVITIES

Name _____

Section _____

Date _____

A. Complete the following chart, using the verb **gustar**.

English	Indirect object	Verb gustar	Person(s) or thing(s) liked
I like John.	**Me**	**gusta**	**Juan.**
I like meatballs.	**Me**	**gustan**	**las albóndigas.**
You (*fam.*) like the book.	Te		
He likes the pens.			las plumas.
She likes her job.	Le		
We like this restaurant.	Nos		
You (*pl.*) like the dessert.	Les	gusta	
They like to work.			trabajar.
I like to dance.			
You (*fam.*) like this soup.	Te		
He likes to practice.			
We like those boys.			
They like the professors.			

B. Complete the following sentences with possessive pronouns (each pronoun must agree with the subject).

MODELO: Ella dice que los libros son...
   Ella dice que los libros son suyos.

1. Elvira dice que la tarjeta postal es _____.

2. María dice que ese bolso de mano es _____.

3. Yo digo que esos tenedores son _____.

4. Mis tíos dicen que las servilletas son _____.

5. Tú dices que el mantel es _____.

6. Nosotros decimos que la grabadora es _____.

7. Uds. dicen que las plumas son _____.

8. Mi sobrino dice que el escritorio es _____.

9. Yo digo que la botella es _____.

10. Nosotros decimos que las botellas son _____.

C. Complete the chart below, using the Spanish construction for length of time.

English	Hace	Length of time	que	Subject	Verb in the present tense
I have been studying for three years.	Hace	tres años	que	(yo)	estudio.
You have been working for two days.				(tú)	
You have been traveling for a month.				(Ud.)	
She has been reading for four hours.					
He has been sleeping for six hours.					
You have been dancing for two hours.				(Uds.)	
They have been writing for two hours.					

D. Answer the following questions about how long each action depicted has been going on.

20 minutos

1. ¿Cuánto tiempo hace que ella espera?

_____

_____

2 horas

2. ¿Cuánto tiempo hace que él trabaja?

_____

_____

1 hora

3. ¿Cuánto tiempo hace que ellas hablan?

_____

_____

media hora

4. ¿Cuánto tiempo hace que ellos bailan?

_____

_____

5 años

5. ¿Cuánto tiempo hace que usted vive en esta casa?

_____

_____

E.   Change each sentence, using the verb in parentheses.

MODELO: Yo compré el pasaje ayer. (vender)
Yo vendí el pasaje ayer.

1. ¿A qué hora llegaste? (volver)

_____

2. ¿Salieron ustedes temprano anoche? (llegar)

_____

3. Nosotros ya lo estudiamos. (escribir)

_____

4. Ella lo abrió. (cerrar)

_____

5. Ellos no nos visitaron. (recibir)

_____

6. Yo no estudié. (leer)

_____

F.   Complete the chart below.

English	Subject	Indirect object pronoun	Direct object pronoun	Verb
I give it to you.	**Yo**	te	lo	doy.
You give it to me.	Tú			
I give it to him.		se		
We give it to her.				damos
They give it to us.				
I give it to you. (**Ud.**)				
You give it to them.	Tú			

G. **¿Cómo se dice...?**   Give the Spanish equivalent of the following exchanges.

1. "Do you like these handbags, Rosita?"
   "Yes, but I like those over there better. Can you lend them to me?"

   _____

   _____

2. "Does Roberto like to travel by plane?"
   "No, he prefers to travel by train."

   _____

   _____

3. "How long have you been living in the capital?"
   "I've been living here for ten years."

   _____

   _____

4. "What time did you leave home today, Evita?"
   "I left at seven in the morning and returned at five P.M."

   _____

   _____

5. "Is this suitcase yours, Carlos?"
   "No, mine is blue."

   _____

   _____

H.   Unscramble the following words to form sentences.

1. bolso / devolverle / que / prestó / el / que / tengo / mano / de / me

   _____

2. hora / Teresa / que / teléfono / media / hace / amiga / hablan / su / por / y

   _____

   _____

LECCIÓN 7 LABORATORY ACTIVITIES

Name _____

Section _____

Date _____

I. DIALOGUE

A. The dialogue will be read first without pauses, and then with pauses for student repetition.

Las vacaciones de Teresa

Hace media hora que Teresa y su amiga Silvia hablan por teléfono. Teresa le está contando de su viaje al Perú.

TERESA	—Me gustó mucho la capital, pero me gustó más Machu Picchu.
SILVIA	—¡Y no me mandaste una tarjeta postal!
TERESA	—Compré dos, pero no te las mandé; las tengo aquí.
SILVIA	—¿Y cuándo piensas dármelas?
TERESA	—Mañana. Tengo que devolverte la maleta y el bolso de mano que me prestaste.
SILVIA	—¿Llevaste mucho equipaje?
TERESA	—Sí, mis dos maletas y la tuya. Pagué exceso de equipaje.
SILVIA	—¿Cuánto te costó el pasaje? ¿Viajaste en primera clase?
TERESA	—¿Estás loca? Viajé en clase turista. ¡Y me costó setecientos mil pesos! Ida y vuelta, claro...
SILVIA	—¿Qué tal el vuelo?
TERESA	—Un poco largo... Y como el avión salió con dos horas de retraso, llegamos muy tarde.
SILVIA	—¿Pasó algo interesante en Lima?
TERESA	—Bueno... en la agencia de viajes donde compré el pasaje para Machu Picchu, conocí a un muchacho muy simpático.
SILVIA	—¿Viajó contigo? ¡Tienes que contármelo todo!
TERESA	—Sí, viajé con él en avión a Cuzco, donde almorzamos juntos. Después, conversamos durante todo el viaje en tren a Machu Picchu.
SILVIA	—No sé por qué tus vacaciones siempre son magníficas y las mías son tan aburridas.
TERESA	—Pues la próxima vez tenemos que viajar juntas.
SILVIA	—Bueno, pero sólo si vamos en tren o en ómnibus. A mí no me gusta viajar en avión.
TERESA	—Bueno, viajamos en tren. Oye, es tarde. Nos vemos mañana al mediodía.
SILVIA	—Sí, hasta mañana.

B. Comprehension activity

You will now hear questions about the dialogue. Answer each one, omitting the subject. The speaker will confirm your response.

II. PRONUNCIATION

A. The sound of the Spanish **ll**

■ When you hear the number, read the corresponding sentence aloud.

1. Allende lleva la silla amarilla.
2. Las huellas de las llamas llegan a la calle.
3. Lleva la llave, los cigarrillos y las botellas.

B. The sound of the Spanish **ñ**

■ When you hear the number, read the corresponding sentence aloud.

1. La señorita Muñoz le da una muñeca a la niña.
2. La señora española añade vino añejo.
3. Toño tiñe el pañuelo del niño.

III. LET'S PRACTICE!

A. Answer the questions, using expressions with **gustar** and the given cues.

MODELO: —¿Prefieres México o Puerto Rico? (México)
   —**Me gusta más México.**

1. (en avión)   2. (pescado)   3. (el vino)   4. (de ventanilla)   5. (los camarones)   6. (los morenos)

B. Answer the questions affirmatively. Make sure you use the correct form of the possessive pronoun.

MODELO: —¿Este libro es tuyo?
   —**Sí, es mío.**

C. Answer the questions, using the cues.

1. (un año)   2. (diez años)   3. (veinte minutos)   4. (cuatro horas)   5. (dos semanas)

D. Answer the questions, changing the verbs to the preterit.

MODELO: —¿No vas a estudiar?
   —**Ya estudié.**

E. Repeat each sentence, changing the direct object to the corresponding direct object pronoun. Make all necessary changes in the sentence.

MODELO: Le traen la carpeta.
   Se la traen.

F. Answer the questions, using direct and indirect object pronouns.

MODELO: —¿Quién te manda el periódico? (mi hijo)
   —**Me lo manda mi hijo.**

IV. LISTENING COMPREHENSION

Before listening to the dialogues in this section, study the comprehension questions below. Reviewing the questions ahead of time will help you remember key information as you listen.

1. ¿Qué le gustó más de su viaje a Amelia?
2. ¿Les mandó tarjetas a sus amigos?
3. ¿Le devolvió la maleta a su mamá?
4. ¿De quién es el bolso de mano que está en la mesa?
5. ¿De qué color es el bolso de Gabriela?
6. ¿Luisa puede prestarle el bolso de mano a Nora?
7. ¿Cuánto tiempo hace que Ana conoce a Guillermo?
8. ¿Dónde lo conoció?
9. ¿Le gustó Chile a Ana?

Listen carefully to each dialogue, and then answer the questions, omitting the subject. The speaker will confirm your response. Repeat the correct answer.

V. LISTENING AND WRITING ACTIVITIES

A. You will hear three flight announcements overheard at the airport in Lima, Peru. First listen carefully for general comprehension. Then, as you listen for a second time, fill in the information requested below.

AEROPUERTO INTERNACIONAL DE LIMA

LLEGADAS	SALIDAS
Aerolínea: _____	Aerolínea: _____
_____	Vuelo: _____
Vuelo: _____	Con destino a: _____
Procedente de: _____	Hora: _____
_____	Puerta de salida: _____
Hora: _____	Aerolínea: _____
Puerta de salida: _____	Vuelo: _____
	Con destino a: _____
	Hora: _____
	Puerta de salida: _____

B. Dictation

1. _____

2. _____

3. _____

4. _____

5. _____

Name _____

Section _____

Date _____

A. Rewrite the following paragraph, first changing the subject **yo** to **tú**, then to **él**.

Yo me despierto a las seis de la mañana y *me levanto* a las seis y cuarto. *Me baño, me afeito* y *me visto*. A las siete y media *me voy* a trabajar. *Trabajo* hasta las cinco, y luego *vuelvo* a casa. No *me preocupo* si *llego* tarde. *Leo* un rato y luego *como* con mi familia. Siempre *me acuesto* a las diez y media.

1. Tú _____

_____

_____

_____

_____

_____

2. Él _____

_____

_____

_____

_____

_____

B. Write the Spanish equivalent of the words in parentheses.

1. La peluquera me va a cortar _____. (*my hair*)

2. _____ es más importante que _____. (*liberty/money*)

3. Ella dice que _____ son más inteligentes que _____.
   (*women/men*)

4. Ellas se van a poner _____. (*their white dresses*)

5. ¿Cuándo se lava _____? (*your hair*)

6. No me gusta _____; prefiero _____. (*wine/soft drinks*)

C. Answer the following questions affirmatively.

1. ¿Fui yo? (*use tú*)

   _____

2. ¿Fuiste a la peluquería?

   _____

3. ¿Me diste el espejo?

   _____

4. ¿Te dieron el regalo?

   _____

5. ¿Fueron Uds. a ver a mamá anoche?

   _____

6. ¿Me dieron Uds. la alfombra?

   _____

7. ¿Fuimos nosotros?

   _____

8. ¿Te dio él las revistas?

   _____

9. ¿Quién lo escribió? ¿Fueron Uds.?

   _____

10. ¿Yo te di la escoba?

    _____

D. Change the following sentences, using the verbs in parentheses.

MODELO: Carlos comió la ensalada. (servir)
           Carlos sirvió la ensalada.

1. Tuvo frío. (sentir)

   _____

2. Estudiaron dos horas. (dormir)

   _____

3. Me dio la aspiradora. (pedir)

   _____

4. Escribió el poema. (repetir)

   _____

5. Me llamó. (mentir)

   _____

6. Reservaron una habitación. (conseguir)

   _____

7. Continuó hablando. (seguir)

_____

8. Todos terminaron. (morir)

_____

E. **¿Cómo se dice...?** Give the Spanish equivalent of the following exchanges.

1. "What time did you get up today, Miss Paz?"
   "I got up at five, bathed, got dressed and went to work."

_____

_____

2. "Did he ask you for money, Mr. Rodríguez?"
   "Yes, and I gave it to him. He went to the movies with his girlfriend."

_____

_____

3. "What are you going to do now?"
   "I'm going to wash my hair. Where's the shampoo?"

_____

_____

F. **Crucigrama** (covering vocabulary from **Lecciones 7 and 8**)

HORIZONTAL

2. Quiero un pasaje de ida y _____.
5. Compramos medicina en la _____.
7. Necesito mi _____ de mano.
9. La necesito para barrer.
10. El avión va a llegar tarde; tiene dos horas de _____.
12. Tiene mucho trabajo; está muy _____.
16. Tiene cinco maletas. Va a pagar exceso de _____.
19. La medicina está en el _____, en el baño.
20. No tengo pluma. ¿Me puedes _____ la tuya?
22. siete días
24. Voy a comprar los billetes en la agencia de _____.
26. No viven en una casa; viven en un _____.
28. Voy a pasarle la _____ a la alfombra.
29. Es su cumpleaños. Tengo un _____ para él.
30. *Life* es una _____ muy famosa.

VERTICAL

1. ¿Es un viaje corto o _____?
2. persona que viaja
3. Uso este champú para lavarme la _____.
4. opuesto de **limpia**
6. opuesto de **vender**
8. sesenta minutos
11. No es la salida; es la _____.
13. *next*, en español
14. ¿Quiere un asiento de pasillo o de _____?
15. Lo necesito para peinarme.
17. Voy a ir a un _____ de Michael Jackson.
18. Le voy a mandar una _____ postal.
21. salón de belleza
23. opuesto de **olvidarse**
25. usualmente
27. Me hago rizos con el _____.

I. DIALOGUE

A. The dialogue will be read first without pauses, and then with pauses for student repetition.

Un día muy ocupado

Ana María e Isabel se levantaron muy temprano hoy para limpiar el apartamento. Ana María está un poco cansada porque anoche no durmió muy bien. Isabel tiene turno en la peluquería por la tarde para cortarse el pelo.

Por la noche las dos están invitadas a la fiesta de cumpleaños de su amiga Eva.

ANA MARÍA —Ya barrí la cocina, le pasé la aspiradora a la alfombra y limpié el baño.

ISABEL —Yo cociné, planché mi vestido rojo y fui a la tienda a comprar el regalo para Eva.

ANA MARÍA —¡Ah!, ahora que me acuerdo, ¿tu hermano me consiguió entradas para el concierto?

ISABEL —No, no le diste el dinero. Él te lo pidió anoche y tú te olvidaste de dárselo.

ANA MARÍA —¡Ah!, sí. ¡Qué tonta soy! ...Oye, no sé qué ponerme para ir a la fiesta.

ISABEL —¿Por qué no te pones el vestido azul?

ANA MARÍA —Porque me lo probé ayer y no me queda bien.

ISABEL —¡Caramba! Ya es tarde. Tengo que bañarme y vestirme. Tengo turno en la peluquería a las tres.

ANA MARÍA —Yo voy a bañar al perro y más tarde me voy a lavar la cabeza. ¿Tenemos champú?

ISABEL —Sí, yo fui a la farmacia ayer y lo compré. Está en el botiquín.

En la peluquería, Isabel lee una revista mientras espera.

ISABEL —Quiero corte, lavado y peinado.

PELUQUERA —Tiene el pelo muy lacio. ¿No quiere una permanente?

ISABEL —No, no me gustan los rizos. ¡Ay, tengo el pelo muy largo!

PELUQUERA —Ahora está de moda el pelo corto. (*Le corta el pelo y cuando termina, Isabel se mira en el espejo.*)

ISABEL —¡Muy bien! Ahora quiero pedir turno para mi amiga para la semana próxima.

PELUQUERA —¿El miércoles a las nueve y media? Generalmente hay menos gente por la mañana.

ISABEL —Está bien. Mi amiga se llama Ana María Rocha.

B. Comprehension activity

You will now hear questions about the dialogue. Answer each one, omitting the subject. The speaker will confirm your response.

II. PRONUNCIATION

A. The sound of the Spanish l

■ When you hear the number, read the corresponding sentence aloud.

1. Aníbal habla español con Isabel.
2. El coronel Maldonado asaltó con mil soldados.
3. El libro de Ángel está en el laboratorio.

B. The sound of the Spanish **r**

■ When you hear the number, read the corresponding sentence aloud.

1. Es preferible esperar hasta enero.
2. Carolina quiere estudiar con Darío ahora.
3. Aurora y Mirta son extranjeras.

C. The sound of the Spanish **rr**

■ When you hear the number, read the corresponding sentence aloud.

1. El perro corrió en el barro.
2. Los carros del ferrocarril parecen cigarros.
3. Roberta y Rita recorren los terribles cerros.

D. The sound of the Spanish **z**

■ When you hear the number, read the corresponding sentence aloud.

1. Zulema y el Zorro me dieron una paliza.
2. ¡Zas! El zonzo Pérez fue al zoológico.
3. La tiza y la taza están en el zapato.

III. LET'S PRACTICE!

A. Repeat each sentence, using the new subject provided and the corresponding reflexive pronoun.

MODELO: Julio se levantó temprano. (Yo)
           Yo me levanté temprano.

1. (nosotros)   2. (Víctor)   3. (Tú)   4. (Uds.)   5. (Yo)   6. (Ud.)

B. Answer all questions affirmatively.

C. Listen to the statements the speaker makes. Then change the verbs in each sentence to the preterit.

MODELO: Yo voy a la peluquería.
           Yo fui a la peluquería.

D. Answer the following questions negatively, clarifying that *she* (or *they*) did the thing about which you are being asked.

MODELO: —Tú lo *pediste*, ¿no?
  —**No, yo no lo pedí. Lo pidió ella**.

1. Tú lo *conseguiste*, ¿no?
2. Tú la *serviste*, ¿no?
3. Tú lo *repetiste*, ¿no?
4. Tú los *seguiste*, ¿no?

MODELO: Uds. *pidieron* el champú, ¿no?
  No, nosotros no lo pedimos. Lo pidieron ellos.

1. Uds. *sirvieron* la cena, ¿no?
2. Uds. *repitieron* la lección, ¿no?
3. Uds. *siguieron* al viajero, ¿no?
4. Uds. *consiguieron* los periódicos, ¿no?

IV. LISTENING COMPREHENSION

Before listening to the dialogues in this section, study the comprehension questions below. Reviewing the questions ahead of time will help you remember key information as you listen.

1. ¿A qué hora se levantó Celia hoy?
2. ¿Por qué se levantó tan tarde?
3. ¿Le pasó la aspiradora a la alfombra?
4. ¿Qué barrió?
5. ¿Por qué no se lavó la cabeza Susana?
6. ¿Dónde está el champú que compró Elsa?
7. ¿Cuándo va a ir Susana a la peluquería?
8. ¿Qué le va a hacer la peluquera?
9. ¿Cuándo fue el cumpleaños de Oscar?
10. ¿Lucía le dio el regalo?
11. ¿Qué le regaló?
12. ¿Le gustó el regalo a Oscar?
13. ¿Adónde fueron Lucía y Oscar?

Listen carefully to each dialogue, and then answer the questions, omitting the subject. The speaker will confirm your response. Repeat the correct answer.

V. LISTENING AND WRITING ACTIVITIES

A. You will hear a dialogue in which Delia and her husband, Mario, discuss household chores. First listen carefully for general comprehension. Then, as you listen for a second time, fill in the chart below with the chores they have assigned to themselves.

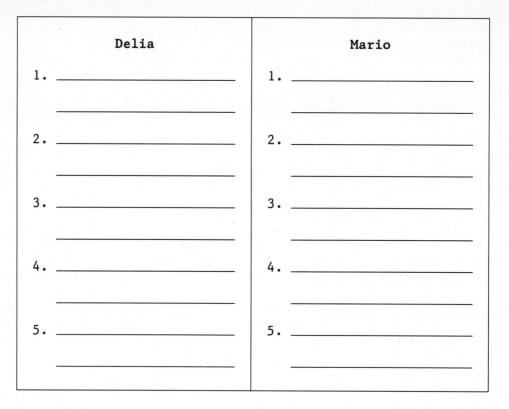

Delia	Mario
1. _____	1. _____
2. _____	2. _____
3. _____	3. _____
4. _____	4. _____
5. _____	5. _____

B. Dictation

1. _____
2. _____
3. _____
4. _____
5. _____
6. _____

Check Your Progress
Lecciones 7 y 8

Name _____

Section _____

Date _____

Lección 7

A. Answer the following questions affirmatively, substituting direct objects for the italicized words.

1. ¿Me vas a traer *los libros*?

   _____

2. ¿Ellos te dan *el periódico*?

   _____

3. ¿Tú les envías *la tarjeta*?

   _____

4. ¿Ellos les dan *las fotografías* a Uds.?

   _____

B. Write the following sentences in the preterit.

1. Yo *viajo* en tren y ellos *viajan* en avión.

   _____

2. Nosotros *comemos* en casa y ellos *comen* en la cafetería.

   _____

3. *Cierro* la puerta y *abro* las ventanas.

   _____

4. Tú *sales* a las ocho y *vuelves* a las diez.

   _____

5. Yo *llego* a las ocho y en seguida *empiezo* a trabajar.

   _____

C. Answer the following questions in complete sentences, using the cues provided.

1. ¿Qué les gusta más a Uds., la carne o el pescado? (la carne)

   _____

2. Mis maletas son grises. ¿Y las tuyas? (azules)

   _____

3. ¿Cuánto tiempo hace que Uds. viven aquí? (tres años)

_____

4. ¿Y los libros que te presté? ¿Cuándo vas a devolvérmelos? (el lunes)

_____

5. ¿Cuánto pagaste por el billete? ($500)

_____

D.   ¿Cómo se dice...? Give the Spanish equivalent of the following sentences.

1. I took my records and he took his.

_____

2. We have been studying Spanish for two hours.

_____

3. I don't like his house; I like ours better.

_____

Lección 8

A.   Complete the following sentences with the present indicative of the verbs in parentheses.

1. Nosotros no _____ (acordarse) de eso.

2. Ellos _____ (cortarse) el pelo aquí.

3. ¿A qué hora _____ (levantarse) tú?

4. Yo _____ (vestirse) en mi cuarto.

5. Jorge _____ (acostarse) tarde.

6. Uds. _____ (afeitarse) por la mañana.

B.   Change the following sentences to the preterit.

1. Voy con ella. _____

2. Me lo da. _____

3. Ellos no van. _____

4. Yo no le doy nada. _____

5. Es mi profesor. _____

6. Somos sus estudiantes. _____

C.   Change the following sentences to the preterit.

1. Ellos te mienten. _____

2. Él sirve la cena. _____

3. Ellos duermen bien. _____

4. Ud. prefiere trabajar. _____

5. Uds. me piden dinero. _____

D. **¿Cómo se dice...?** Give the Spanish equivalent of the following sentences.

1. The girls want to put on their red dresses.

   _____

2. She washed her hair, bathed, and got dressed.

   _____

3. I don't like wine; I prefer champagne.

   _____

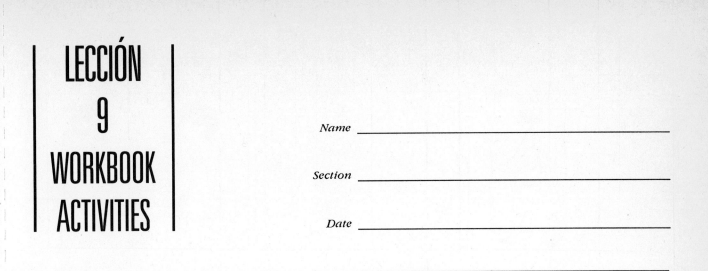

A. Change the following sentences from the present to the preterit.

1. Uds. *traen* la bolsa de dormir y la *ponen* en la tienda de campaña.

   _____

2. ¿Qué *haces* el sábado? ¿*Vienes* a la playa?

   _____

3. No *puedo* ir de vacaciones porque no *tengo* tiempo.

   _____

4. Elsa no *está* en la cabaña.

   _____

5. Nosotros no lo *sabemos*.

   _____

6. ¿Qué *dicen* ellos del salvavidas?

   _____

7. Ud. no *quiere* montar a caballo.

   _____

8. Rubén *conduce* en la autopista.

   _____

B. Look at the pictures below and describe what is happening, using **por** or **para**:

1. _____ pasa

_____.

2. _____ se preocupa

_____ sus hijos.

3. El _____ es

_____ María.

4. Viajamos _____

_____.

5. Hay vuelos _____

_____.

6. Necesito el _____

_____.

7. Te doy _____

_____

_____.

8. Vengo _____

_____

_____.

9. Me dio _____

_____ comprar

el _____.

C. Complete each sentence with either **por** or **para**, as appropriate. Indicate the reason for your choice by placing the corresponding number in the blank provided before the sentence.

Uses of **por**	Uses of **para**
1. motion, *along*	7. destination in space
2. cause or motive of an action	8. direction in time
3. agency, means, manner, unit of measure	9. direction toward a recipient
4. exchange	10. *in order to*
5. period of time during which an action takes place	11. comparison (by the standard of)
6. *in search of*	12. objective or goal

_____ 1. Tenemos una sorpresa _____ Elena.

_____ 2. Pagamos cuatro dólares _____ la pluma.

_____ 3. Las chicas caminan _____ la playa.

_____ 4. _____ español, habla muy bien el inglés.

_____ 5. El mozo fue a la cocina _____ el pavo relleno y el lechón.

_____ 6. Mañana te llamo _____ teléfono.

_____ 7. Necesitamos la cabaña _____ el sábado.

_____ 8. Tengo que comprar la caña de pescar _____ ir de pesca.

_____ 9. Ese traje de baño es _____ mi sobrina.

_____ 10. Carlos estudia _____ ingeniero.

_____ 11. No pudimos dormir afuera _____ la lluvia.

_____ 12. Mañana _____ la mañana vamos a montar en bicicleta.

D. Complete the following chart.

Infinitive	yo	tú	Ud., él, ella	nosotros	Uds., ellos, ellas
prestar					
	terminaba				
		devolvías			
			nadaba		
				leíamos	
					salían

E.   Complete the following sentences according to each new subject.

Cuando yo era niño, iba a la playa y la veía.

1. Cuando tú _____ niño, _____ a la playa y la _____.
2. Cuando Luis _____ niño, _____ a la playa y la _____.
3. Cuando él y yo _____ niños, _____ a la playa y la _____.
4. Cuando ellos _____ niños, _____ a la playa y la _____.

F.   **¿Cómo se dice...?** Give the Spanish equivalent of the following exchanges.

1. "We are going to camp near the lake."
   "I suppose you are going to swim . . . "
   "Yes, I plan to take my bathing suit."

   _____

   _____

   _____

2. "We used to have a good time when we were children."
   "Yes, we used to go to the beach and to the mountains on vacations."
   "We used to visit our grandmother every weekend."

   _____

   _____

   _____

3. "I'm leaving for Mexico tomorrow."
   "Great! Are you going by plane?"
   "Yes, and I'm going to be there for a month."

   _____

   _____

   _____

4. "I didn't come to class because I had to work."
   "I couldn't come either. I was at the hospital all afternoon."
   "What did you tell the teacher?"
   "Nothing."

   _____

   _____

   _____

   _____

G. Unscramble the following words to form sentences.

1. había / gustó / demasiada / playa / me / pero / mucho / la / gente

   _____

2. contigo / pescar / para / compré / ir / caña / una / de / de / pesca

   _____

3. maletas / a / voy / empezar / casa / a / para / las / hacer

   _____

Name _____

Section _____

Date _____

I.   DIALOGUE

A.   The dialogue will be read first without pauses, and then with pauses for student repetition.

Planes de vacaciones

Marisa y Nora, dos chicas chilenas que viven en Buenos Aires, están sentadas en un café de la Avenida de Mayo. Están planeando sus vacaciones de verano, pero no pueden ponerse de acuerdo porque a Nora le gustan las actividades al aire libre y Marisa las odia.

MARISA —Traje unos folletos turísticos sobre excursiones a Punta del Este para mostrártelos.

NORA —Yo estuve allí el año pasado. Me gustó mucho la playa, pero había demasiada gente.

MARISA —Cuando yo era niña mi familia y yo siempre íbamos de vacaciones a Montevideo o a Río de Janeiro.

NORA —Nosotros íbamos al campo o a las montañas. Acampábamos, montábamos a caballo, pescábamos truchas en un lago...

MARISA —¡Qué horrible! Para mí, dormir en una tienda de campaña en un saco de dormir es como un castigo.

NORA —¿Pues sabes lo que yo hice ayer? Compré una caña de pescar para ir de pesca contigo.

MARISA —Tengo una idea. Podemos ir al Hotel del Lago y tú puedes pescar mientras yo nado en la piscina.

NORA —¿Por qué no alquilamos una cabaña en las montañas por unos días? Te vas a divertir...

MARISA —El año pasado me quedé en una cabaña con mi familia y me aburrí horriblemente.

NORA —*(Bromeando)* Porque yo no estaba allí para enseñarte a pescar.

MARISA —¡Por suerte! Oye, en serio, tenemos que ir a la playa porque mi traje de baño me costó un ojo de la cara.

NORA —Yo también quería comprarme uno, pero no pude ir a la tienda.

MARISA —Voy contigo a comprarlo si salimos para Punta del Este el sábado.

NORA —Está bien, pero en julio vamos a Bariloche a esquiar.

MARISA —¡Perfecto! Voy a casa para empezar a hacer las maletas.

B.   Comprehension activity

You will now hear questions about the dialogue. Answer each one, omitting the subject. The speaker will confirm your response.

II. PRONUNCIATION–INTONATION

A. Normal statements

■ Repeat each sentence, imitating the speaker's intonation.

1. Yo compré el regalo para Elena.
2. Mario tiene listo el equipaje.
3. Yo tengo turno en la barbería.
4. Necesitamos el dinero para el pasaje.
5. Yo pienso aprender japonés este verano.

B. Information questions

■ Repeat each sentence, imitating the speaker's intonation.

1. ¿Cómo está tu hermano?
2. ¿Por qué no fuiste con nosotros?
3. ¿Cuánto tiempo hace que no comes?
4. ¿Dónde pasaron el verano?
5. ¿Cuántos años hace que estudias?

C. *Yes/no* questions

■ Repeat each sentence, imitating the speaker's intonation.

1. ¿Fuiste al mercado ayer?
2. ¿Tienes listo el equipaje?
3. ¿Le diste el regalo a Elena?
4. ¿Tienes turno para la peluquería?
5. ¿Necesitas dinero para el pasaje?

D. Exclamations

■ Repeat each exclamation after the speaker.

1. ¡Qué bonita es esa alfombra!
2. ¡No compré el regalo para Elena!
3. ¡Qué bueno es este champú!
4. ¡Cuánto te quiero!

III. LET'S PRACTICE!

A. Change each sentence from the present tense to the preterit.

MODELO: No vengo.
         No vine.

B. The speaker will make some statements with **por** and **para**. Repeat each statement, using the cue provided and making any necessary changes.

MODELO: Ellos caminan por el centro. (la calle)
         Ellos caminan por la calle.

1. (La Habana)   2. (trabajo)   3. (avión)   4. (ella)   5. (el viaje)   6. (el vermut)   7. (médico)
8. (una semana)   9. (Isabel)   10. (el pavo)   11. (el profesor)   12. (la silla)   13. (almorzar)
14. (nosotros)   15. (el hotel)

C. Repeat each sentence, changing the verb to the imperfect tense.

MODELO: ¿Tú trabajas?
¿Tú trabajabas?

IV. LISTENING COMPREHENSION

Before listening to the dialogues in this section, study the comprehension questions below. Reviewing the questions ahead of time will help you remember key information as you listen.

1. ¿Qué le pregunta Rosa a Héctor?
2. ¿Qué quiere hacer Héctor?
3. ¿Adónde quiere ir Rosa?
4. ¿Por qué no le gusta la playa a Héctor?
5. ¿Qué problema tienen Rosa y Héctor?
6. ¿Adónde van a ir de vacaciones Olga y su familia?
7. ¿Adónde iba Gloria cuando era niña?
8. ¿Cuánto tiempo hace que Olga no va a la montaña?
9. ¿Olga y su familia van a acampar o van a ir a un hotel?
10. ¿Qué le pide Olga a Gloria?
11. ¿Cuándo se la va a traer Gloria?
12. ¿Qué va a hacer Ernesto este fin de semana?
13. ¿Por qué no necesita la caña de pescar de Tito?
14. ¿Por qué no puede ir Tito con Ernesto?
15. ¿Adónde van a ir después?

Listen carefully to each dialogue and then answer the questions, omitting the subject. The speaker will confirm your response. Repeat the correct answer.

V. LISTENING AND WRITING ACTIVITIES

A. You will hear two radio commercials which offer package tours and excursions to Mexico and Spain. First listen carefully for general comprehension. Then, as you listen for a second time, fill in the information about each tour below.

EXCURSIONES
Lugar(es): _____
Sale de: _____
Día(s): _____
Hora: _____
Incluye: _____
Hotel(es): _____
Lugar(es): _____
Sale de: _____
Día(s): _____
Hora: _____
Incluye: _____
Hotel(es): _____

B. Dictation

1. _____
2. _____
3. _____
4. _____
5. _____

REPASO
LECCIONES 1 - 9

Name _____

Section _____

Date _____

The speaker will ask you some questions. Answer each one, using the cues provided.

1. (de los Estados Unidos)
2. (en la calle Magnolia)
3. (no, lejos)
4. (cuatro meses)
5. (el español)
6. (no)
7. (en la universidad)
8. (sí)
9. (no)
10. (no)
11. (no)
12. (no)
13. (inglés y español)
14. (no)
15. (sí, un hermano y una hermana)
16. (mayor)
17. (el 20 de junio)
18. (a las seis)
19. (por la mañana)
20. (a las siete y cuarto)
21. (a las ocho)
22. (en la cafetería)
23. (a las seis)
24. (sí)
25. (a un restaurante)
26. (bistec, sopa y ensalada)
27. (refresco y café)
28. (no)
29. (diez dólares)
30. (a las doce)
31. (nada)
32. (sí)
33. (sí)
34. (sí, mucho)
35. (a México)
36. (dos semanas)
37. (nada)
38. (tuve que trabajar)
39. (sí, mucho)
40. (sí)

Name _____

Section _____

Date _____

A. Fill in the blanks with the preterit or the imperfect of the verb in parentheses.

1. Yo (ir) _____ a la sala de emergencia anoche. (*recording an act viewed as completed*)

2. Yo (ir) _____ a la sala de emergencia cuando (ver) _____ a José. (*describing an action in progress at a certain time in the past when another event took place*)

3. Ayer ella (tener) _____ mucho dolor de cabeza. (*summing up a condition viewed as a whole*)

4. Ella (tener) _____ dolor de cabeza. (*describing a condition in the past*)

5. El doctor (visitar) _____ al Sr. Paz el sábado pasado. (*recording an act as a completed whole*)

6. El doctor (visitar) _____ al Sr. Paz todos los sábados. (*indicating a habitual action*)

7. Susana (decir) _____ que le (doler) _____ el estómago. (**decir:** *recording act viewed as a whole*; **doler:** *indirect discourse*)

8. (Ser) _____ las nueve de la noche cuando lo (atropellar) _____ el coche. (**ser:** *time in the past*; **atropellar:** *reporting an act viewed as a whole*)

B. Complete each sentence with the preterit or the imperfect of the verb in parentheses.

1. Nosotros los (conocer) _____ ayer. (*met*)

2. Yo no (conocer) _____ a ese doctor. (*knew*)

3. Ellas lo (saber) _____ anoche. (*found out*)

4. Tú ya lo (saber) _____. (*knew*)

5. Mi mamá no (querer) _____ venir. (*refused*)

6. Él no (querer) _____ venir, pero.... (*didn't want to*)

C. Translate each sentence, using the Spanish equivalent of *ago*.

MODELO: He came two hours ago.
Hace dos horas que vino.

1. We started three days ago.

_____

2. They finished the class twenty minutes ago.

_____

3. I broke my arm two months ago.

_____

4. They gave me a tetanus shot two years ago.

_____

D. Form adverbs with the following adjectives.

1. fácil   _____

2. rápido   _____

3. lento y claro _____

4. alegre   _____

5. feliz   _____

E. **¿Cómo se dice...?** Give the Spanish equivalent of the following exchanges.

1. "Are these people allergic to any medicine?"
   "No, but both of them have a high fever."

_____

_____

2. "I have dizzy spells."
   "Are you sick?"
   "No, but I think I'm pregnant."

_____

_____

_____

3. "Did you know Dr. Vera's wife, Miss Peña?"
   "Yes, I met her two months ago."

_____

_____

4. "How are you feeling?"
   "My chest, my back, and my neck hurt a lot."
   "Did you see the doctor?"
   "Yes, I went to his office this morning and he gave me this medicine."

   _____

   _____

   _____

   _____

5. "When was the last time they gave you a tetanus shot?"
   "Last year, when I cut my toe."

   _____

   _____

F. Supply the missing words. The letters in the center column will form a Spanish proverb. Write the proverb on the line provided below.

1. Trabaja con un médico; es _____.

2. Soy _____ a la penicilina.

3. Yo me _____ el brazo ayer.

4. El opuesto de **ensuciar** es _____.

5. Voy a desinfectarle la _____.

6. Lo llevaron al hospital en una _____.

7. La van a _____ de apendicitis.

8. Está en el consultorio del _____.

9. Tuvo un _____; lo llevaron al hospital.

10. Está en la _____ de emergencia.

11. Veo con los _____.

12. _____ X

13. Tengo _____ de cabeza.

Proverbio: _____

G. This is Julia. Name the parts of her face that correspond to the numbers below

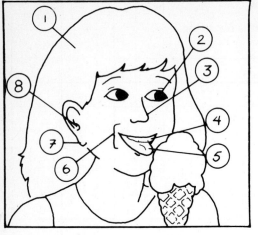

1. _____   5. _____

2. _____   6. _____

3. _____   7. _____

4. _____   8. _____

H. **Crucigrama** (covering vocabulary from **Lecciones 9** and **10**)

HORIZONTAL

1. Los ojos, la nariz y la boca están en la
   _____.
4. El pie es parte de la _____.
6. Fuimos de _____ a la montaña.
7. El Amazonas es un _____.
8. ¿La operaron _____ vez?
10. roto
12. El año pasado me operaron de _____.
14. Para acampar necesito la tienda de _____.
15. El Sahara es un _____.
17. Ayer lo _____ una motocicleta.
18. opuesto de **aburrirse**
20. Antes de operarla necesito hacerle unos
    _____.
23. El médico le va a _____ la herida.
24. No voy a comprar la casa; la voy a _____.
25. Carlos pescó una _____ en el lago ayer.
27. Llueve mucho. Llueve a _____.
29. Antes de salir de viaje tenemos que _____
    las maletas.
30. verbo: **recetar**; nombre: _____
31. Me vendaron la herida porque me _____
    mucho.

VERTICAL

2. Ella es _____ a la penicilina.
3. No podemos ir a _____ porque no hay nieve.
4. El doctor me recetó unas _____ para el dolor.
5. Tuvo un accidente y lo trajeron al hospital en
   una _____.
8. Me duele la cabeza. Voy a tomar una _____.
9. Los usamos para caminar.
11. Va a tener un bebé. Está _____.
13. Lo llevaron a la sala de rayos X para hacerle una
    _____.
16. Todos montamos a _____ ayer.
18. Le van a _____ la herida con alcohol.
19. Elsa trabaja en el hospital. Es _____.
20. Cuando me corté me pusieron una inyección
    _____.
21. Entre los ojos y la boca está la _____.
22. Es una calle de dos _____.
26. No me gusta manejar en la _____.
28. Compré una caña de pescar para ir de _____.

LECCIÓN 10 LABORATORY ACTIVITIES

Name _____

Section _____

Date _____

I.   DIALOGUE

A.   The dialogue will be read first without pauses, and then with pauses for student repetition.

En el hospital

Eran las dos de la tarde y llovía a cántaros. Gustavo iba en su motocicleta por la calle cuando un coche lo atropelló. Lo trajeron al hospital en una ambulancia, y ahora está en la sala de emergencia, hablando con una enfermera.

ENFERMERA —¿Qué le pasó?

GUSTAVO —Tuve un accidente. Me atropelló un coche.

ENFERMERA —¿Cómo es que no lo vio venir?

GUSTAVO —No sabía que era una calle de dos vías. Lo supe cuando me atropelló el coche.

ENFERMERA —¿Cómo se siente ahora?

GUSTAVO —Me duele mucho la pierna. Creo que me la rompí.

ENFERMERA —El doctor dijo que necesitaba una radiografía. Voy a llevarlo a la sala de rayos X.

GUSTAVO —También me corté el brazo. Me sangraba mucho.

ENFERMERA —Voy a desinfectarle y vendarle la herida. ¿Cuándo fue la última vez que le pusieron una inyección antitetánica?

GUSTAVO —Me pusieron una hace dos meses.

En otra sección del hospital, una señora está en el consultorio del médico.

DOCTOR —¿Hace mucho que tiene esos dolores de cabeza y esos mareos?

SEÑORA —Me empezaron hace dos semanas. Pero cuando era chica tomaba aspirina frecuentemente porque siempre me dolía la cabeza.

DOCTOR —¿La operaron alguna vez?

SEÑORA —Sí, me operaron de apendicitis cuando tenía veinte años.

DOCTOR —¿Es Ud. alérgica a alguna medicina?

SEÑORA —Sí, soy alérgica a la penicilina.

DOCTOR —¿Qué enfermedades tuvo cuando era niña?

SEÑORA —Varicela, sarampión... creo que las tuve todas porque siempre estaba enferma.

DOCTOR —¿Está Ud. embarazada?

SEÑORA —No, doctor.

DOCTOR —Bueno. Vamos a hacerle unos análisis.

SEÑORA —Y para los mareos, doctor, ¿va a recetarme alguna medicina?

DOCTOR —Sí, voy a recetarle unas pastillas. Debe tomarlas tres veces al día. Aquí tiene la receta.

B. Comprehension activity

You will now hear questions about the dialogue. Answer each one, omitting the subject. The speaker will confirm your response.

II. PRONUNCIATION

When you hear the number, read the corresponding sentence aloud.

1. Llueve a cántaros.
2. Tiene apendicitis.
3. Es alérgica a la penicilina.
4. Le puse una inyección.
5. Necesito un análisis.

6. Está en la sala de rayos X.
7. Le desinfectó la herida.
8. Iba en una motocicleta.
9. Elena está embarazada.
10. Es una calle de dos vías.

III. LET'S PRACTICE!

A. Answer each question, using the preterit or the imperfect tense and the cues.

MODELO: ¿Qué hora era? (las ocho)
Eran las ocho.

B. Answer the following questions, using the models as a guide.

MODELOS: 1. ¿No conocías al doctor Rodríguez?
No, lo conocí esta mañana.
2. ¿Sabían Uds. que él era casado?
Lo supimos anoche.
3. ¿No dijiste que podías venir?
Sí, pero no quise.

C. Answer each question, using the cues provided below.

1. (veinte minutos)   2. (tres semanas)   3. (un mes)   4. (una hora)   5. (dos años)

D. Change each adjective to its corresponding adverb.

IV. LISTENING COMPREHENSION

Before listening to the dialogues in this section, study the comprehension questions below. Reviewing the questions ahead of time will help you remember key information as you listen.

1. ¿Qué hora era cuando Pablo llegó?
2. ¿Por qué no pudo venir temprano?
3. ¿A qué hora se acostó Dora?
4. ¿Por qué se acostó tan temprano?
5. ¿Qué tomó?
6. ¿Cómo se siente ahora?
7. ¿Cuánto tiempo hace que la señora tiene dolor de estómago?
8. ¿Qué otro problema tiene a veces?
9. ¿Qué medicina toma cuando le duele mucho el estómago?
10. ¿Qué le va a dar el médico?
11. ¿Qué van a hacerle a la señora si no se siente mejor?
12. ¿Qué le pasó a Roberto?
13. ¿Lo atropelló un coche?
14. ¿Adónde lo llevaron?
15. ¿Le hicieron radiografías de la pierna?
16. ¿Qué se cortó Roberto?

17. ¿Por qué no le pusieron una inyección antitetánica?
18. ¿Por qué va a tomar dos aspirinas?

Listen carefully to each dialogue and then answer the questions, omitting the subject. The speaker will confirm your response. Repeat the correct answer.

V. LISTENING AND WRITING ACTIVITIES

A. You will hear a conversation between a patient and a doctor. First listen carefully for general comprehension. Then, as you listen for a second time, fill in the patient sheet below.

Hoja Clínica

Nombre del paciente: Rafael Vega

Síntomas _____

_____

Operaciones _____

_____

Enfermedades que tuvo _____

_____

Medicinas que está tomando _____

_____

Alergias _____

_____

Radiografías de _____

_____

Próxima visita _____

B. Dictation

1. _____
2. _____
3. _____
4. _____
5. _____
6. _____

Check Your Progress
Lecciones 9 y 10

Name _____

Section _____

Date _____

Lección 9

A. Change the following sentences to the preterit.

1. Él viene a la oficina, pero no hace nada.

   _____

2. Por suerte se ponen de acuerdo.

   _____

3. ¿Él no va a la playa porque no puede o porque no quiere?

   _____

4. ¿Qué dicen ellos?

   _____

5. No podemos ir porque tenemos que trabajar.

   _____

B. Complete the following sentences, using **por** or **para**.

1. Necesito el dinero _____ mañana _____ la tarde _____ comprar el pasaje

   _____ Jorge.

2. Pagamos diez dólares _____ el libro.

3. Paso _____ ti a las nueve porque tenemos que estar allí _____ dos horas.

4. Mañana salgo _____ México; voy _____ avión.

5. Ana estudia _____ profesora.

C. Complete the following sentences with the imperfect of the verbs in parentheses.

1. Cuando nosotros _____ (ser) niños, _____ (ir) a la playa
   todos los veranos.

2. Luis _____ (ir) a la casa de sus abuelos, pero nunca _____
   (ver) a su abuela.

3. Yo siempre _____ (salir) temprano; _____ (visitar) a mis

   padres y siempre _____ (comer) con ellos.

D. Give the Spanish equivalent of the following sentences.

1. I had to buy a fishing rod for my husband.

   _____

2. We were in Mexico for three weeks last summer.

   _____

3. We used to live near the river.

   _____

Lección 10

A. Complete the following sentences with the imperfect or the preterit of the verbs in parentheses.

1. Yo no _____ (saber) que nosotros _____ (tener) un

   examen hoy. Lo _____ (saber) esta mañana.

2. Cuando Eva _____ (ser) niña, siempre _____ (venir) a

   nuestra casa y _____ (estudiar) con nosotros.

3. ¿Por qué no _____ (ir) a la fiesta de Oscar anoche? Yo no

   _____ (querer) ir, pero _____ (tener) que ir para llevar a
   Marta.

4. _____ (Ser) las cinco de la tarde cuando yo _____ (llegar)
   a casa ayer.

5. Ellos no _____ (conocer) a mi esposo. Lo _____
   (conocer) ayer.

B. Answer the following questions with complete sentences.

1. ¿Cuánto tiempo hace que usted empezó a estudiar español?

   _____

2. ¿Dónde conoció usted a su mejor amigo(-a)?

   _____

3. Cuando usted era niño(-a), ¿a qué hora se acostaba generalmente?

   _____

C. Give the Spanish equivalent of the following sentences.

1. He was hit by a car three days ago.

   _____

2. I didn't know David; I met him last night.

   _____

3. I was going to the emergency room when I saw my brother-in-law.

   _____

Name _____

Section _____

Date _____

A. Complete the following sentences with **que**, **quien**, or **quienes**, as appropriate.

1. El señor _____ llamó ayer es mi profesor.

2. La fruta _____ más me gusta es la manzana.

3. Los chicos de _____ te hablé trabajan en la tintorería.

4. Las chicas _____ estaban en la biblioteca son cubanas.

5. El muchacho con _____ estudia Perla se llama José Luis.

B. Complete the verb chart below as a review of the present subjunctive.

Infinitive	yo	tú	Ud., él, ella	nosotros	Uds., ellos, ellas
cobrar	cobre	cobres	cobre	cobremos	cobren
estudiar					
deber	deba	debas	deba	debamos	deban
beber					
abrir	abra	abras	abra	abramos	abran
recibir					
hacer	haga				
decir		digas			
entender			entienda		
volver				volvamos	
sugerir					sugieran
dormir				durmamos	
mentir					mientan
buscar	busque				
pescar					
dar		des			
estar			esté		
ir				vayamos	
ser					sean
saber	sepa				

C. Complete the chart below.

English	Subject	Verb	que	Subject of subordinate clause	Verb in the subjunctive
He wants me to speak.	Él	quiere	que	yo	hable.
I want you to learn.				tú	
You want him to go out.	Tú				
She wants us to drink.					bebamos.
We want her to come.				ella	
You want them to understand.	Uds.				
They want you to remember.				Uds.	
You want us to study.	Uds.				
They want us to write.					escribamos.
He wants us to lie.	Él				
I want you to walk.				tú	
They want you to come in.				Uds.	
She wants him to work.					
We want them to go.					

D. Rewrite each sentence, substituting the words provided. Follow the model.

MODELO: Ella deposita el dinero en su cuenta corriente.
Quiero que ella _____.
Quiero que ella deposite el dinero en su cuenta corriente.

1. Él firma la carta.

   Dígale a él que _____.

2. Nosotros le damos el cheque.

   Ellos desean que _____.

3. Tú tienes que pagar en efectivo.

   Es una lástima que _____.

4. Ella va al Banco Nacional.

   Nosotros le vamos a pedir que _____.

5. Ellos dejan el rollo de película para revelarlo.

   Yo quiero que _____.

6. Yo lleno la solicitud.

   El empleado necesita que _____.

7. Elsa se queda en la cama.

   Dígale a Elsa que _____.

8. Nosotros estacionamos la motocicleta frente al banco.

   Ella sugiere que _____.

9. ¿Yo recojo los pantalones?

   ¿Uds. quieren que _____?

10. Ella paga al contado.

    Antonio quiere que _____.

11. El saldo es de más de quinientos dólares.

    Espero que _____.

12. Ellos no lo saben.

    Sentimos que _____.

E.   **¿Cómo se dice...?** Give the Spanish equivalent of the following exchanges.

   1. "I hope that you have your checkbook."
      "No, I didn't bring it."

      _____

      _____

   2. "My mother doesn't want me to apply for a loan."
      "She's right . . ."

      _____

      _____

   3. "I can't pay cash for the car."
      "I suggest that you buy it on installments, Miss Vega."

      _____

      _____

   4. "What does she want you to do, Anita?"
      "She wants me to run some errands."

      _____

      _____

F. Unscramble the following words to form sentences.

1. revelar / rollo / pasada / traje / la / un / blanco / semana / para / y / en / negro

_____

_____

2. cama / Eduardo / y / cansado / tarde / quedarse / está / quiere / en / hasta

_____

_____

3. muchacho / hermano / motocicleta / que / usted / llevó / se / dijo / el / que / su / era / su

_____

_____

Name _____

Section _____

Date _____

I. DIALOGUES

A. The dialogues will be read first without pauses, and then with pauses for student repetition.

Un martes trece

En una casa de la calle Ponce en San Juan, Puerto Rico, vive la familia Vargas. Sergio está muy cansado hoy y quiere quedarse en la cama hasta tarde. Su mamá quiere que haga varias diligencias, de modo que el pobre muchacho tiene que levantarse en cuanto suena el despertador a las siete de la mañana.
A las nueve, llega a la tintorería.

SERGIO —*(Piensa)* Ojalá que estén listos mis pantalones... *(Al empleado)* Vengo a recoger mis pantalones. Aquí está el comprobante.

EMPLEADO —Un momento, por favor. *(Al rato vuelve.)* Sus pantalones son rosados, ¿verdad?

SERGIO —¡Eran blancos cuando los traje...!

A las diez, Sergio, está en el departamento de fotografía de la tienda La Francia.

SERGIO —La semana pasada traje un rollo de película en colores. Espero que esté listo.

EMPLEADO —A ver... ¿Sergio Vargas...? Sí, las fotos salieron muy bien.

SERGIO —¿Y cuánto cobran por revelar un rollo de película?

EMPLEADO —Cinco dólares, señor.

SERGIO —Muy bien. *(Mira las fotografías.)* ¿Pero quién es esta señora? ¡Estas fotos no son mías!

A las once, Sergio estaciona su motocicleta frente al banco.

SERGIO —Quiero depositar este cheque, que está a nombre de mi madre. ¿Es necesario que lo firme ella?

EMPLEADO —Si lo va a depositar en la cuenta corriente de ella, no.

SERGIO —Muy bien, eso es lo que quiero hacer. También quiero sacar doscientos dólares de mi cuenta de ahorros.

EMPLEADO —Llene esta tarjeta, por favor.

SERGIO —Necesito que me dé el saldo de mi cuenta de ahorros.

EMPLEADO —Sólo tiene veinte dólares. Lo siento, señor Vargas, pero no tiene suficiente dinero.

Cuando Sergio sale del banco, no encuentra su motocicleta.

SERGIO —*(Grita)* ¡Oh, no! ¡Alguien me robó la motocicleta!

SEÑORA —El muchacho que se llevó su motocicleta dijo que usted era su hermano...

SERGIO —¡Yo soy hijo único!

SEÑORA —*(Piensa)* Es una lástima que no sean hermanos... Se parecen mucho...

SERGIO —*(Piensa, mientras camina hacia la estación de policía.)* ¡El próximo martes trece no salgo de casa!

B. Comprehension activity

You will now hear questions about the dialogue. Answer each one, omitting the subject. The speaker will confirm your response.

II. PRONUNCIATION

When you hear the number, read the corresponding sentence aloud.

1. Quiere quedarse en la cama hasta tarde.
2. Quiere que haga varias diligencias.
3. A las nueve, llega a la tintorería.
4. Revela un rollo de película.
5. Sergio estaciona su motocicleta.
6. Quiere sacar doscientos dólares.
7. Tengo una cuenta de ahorros.
8. Camina hacia la estación de policía.

LET'S PRACTICE!

A. Answer each question, using the cues. Follow the model.

MODELO: ¿Quién es María? (chica–trajo las fotos)
Es la chica que trajo las fotos.

1. (muchacho–vino ayer)   2. (profesor–te hablé)   3. (muchacha–firmó el cheque)
4. (señora–llamó por teléfono)   5. (señor–vimos ayer)

B. Answer each question, using the cues. Follow the model.

MODELO: —¿Qué quieres que yo haga? (depositar el dinero)
—Quiero que deposites el dinero.

1. (traer los cheques)   2. (venir mañana)   3. (ir a la tintorería)   4. (estar aquí a las cinco)
5. (volver temprano)   6. (dar una fiesta)   7. (pagar la cuenta)   8. (ahorrar más)

C. You will hear statements about what everybody wants to do. Say that David doesn't want anybody to do anything. Follow the model.

MODELO: —Carlos quiere traer los rollos de película.
—David no quiere que los traiga.

D. The speaker will make some statements describing how he feels. Change each statement according to the cues. Follow the model.

MODELO: Yo me alegro de estar aquí. (de que tú)
Yo me alegro de que tú estés aquí.

E. The speaker will make some statements. Change each statement according to the cues. Follow the model.

MODELO: Ana va con Teresa. (Espero)
Espero que Ana vaya con Teresa.

IV. LISTENING COMPREHENSION

Before listening to the dialogues in this section, study the comprehension questions below. Reviewing the questions ahead of time will help you remember key information as you listen.

1. ¿Qué quiere hacer Elisa mañana?
2. ¿Adónde quiere su papá que lo lleve?
3. ¿Elisa quiere levantarse temprano?
4. ¿Adónde quiere su padre que vaya después?
5. ¿Qué necesita su mamá que haga Elisa?
6. ¿Qué quiere saber Elisa?
7. ¿Qué tiene que llevar Raquel a la tintorería?
8. ¿A cuál le sugiere Amanda que vaya?
9. ¿En qué calle queda la tintorería Magnolia?
10. ¿Quién quiere Raquel que la lleve?
11. ¿Qué dice Raquel del coche de Antonio?
12. ¿Quién dice Amanda que le gusta a Raquel?
13. ¿Cuánto quiere sacar el señor Vargas de su cuenta de ahorros?
14. ¿En qué cuenta quiere depositar el cheque?
15. ¿Es necesario que la hija del señor Vargas firme el cheque?
16. ¿Qué le va a comprar el señor Vargas a su hijo?
17. ¿Qué espera el señor Vargas?

Listen carefully to each dialogue and then answer the questions, omitting the subject. The speaker will confirm your response. Repeat the correct answer.

V. LISTENING AND WRITING ACTIVITIES

A. You will hear Jorge Sandoval's description of his daily activities. First listen carefully for general comprehension. Then, as you listen for a second time, fill in the information requested below.

AGENCIA DE DETECTIVES

Información sobre: Jorge Sandoval

7:00: Se levanta.

8:00: _____

9:00: _____

9:00–12:00: _____

12:30: _____

_____

_____

1:30: _____

1:30–5:00: _____

5:30: _____

6:00: _____

10:00: _____

Firma del detective: _____

Fecha: _____

B. Dictation

1. _____

2. _____

3. _____

4. _____

5. _____

Name _____

Section _____

Date _____

A. Complete the chart below.

Infinitive	Command Ud.	Command Uds.
	Ud.	*Uds.*
preparar	prepare	preparen
caminar		
aprender	aprenda	aprendan
beber		
abrir	abra	abran
subir		
venir	venga	vengan
hacer		
dar	dé	den
estar		
empezar	empiece	empiecen
comenzar		
pedir		
contar		
ir	vaya	
ser		sean

B. Rewrite the following sentences, using the command to replace the construction **deber** + *infinitive*.

MODELO: Ud. no debe hacerlo.
No lo haga.

1. Debe enviarlas hoy.

   _____

2. No deben retirarlos ahora.

   _____

3. Debe llamarnos más tarde.

   _____

4. Deben dejármela en la oficina de correos.

   _____

5. No debe dárselos a él.

   _____

6. Deben decírselo a sus padres.

   _____

7. No debe preocuparse por eso.

   _____

8. Deben traérmelo mañana.

   _____

C. Complete each sentence by providing either the present subjunctive or the present indicative form of the verb.

1. Creemos que ellos (estar) _____ en la oficina de correos.

2. No dudo que él (venir) _____ en ese tren.

3. Niego que Rosa (ser) _____ la peor estudiante de español.

4. Es verdad que ellos siempre (llegar) _____ tarde.

5. No estoy seguro de que el tren (tener) _____ dos horas de retraso.

6. Es cierto que el coche (ser) _____ mío.

7. No es cierto que el hotel (quedar) _____ en esa calle.

8. No creemos que ellos (conseguir) _____ las estampillas.

9. No es verdad que nosotros (tener) _____ los pasajes.

10. Dudo que ellos (levantarse) _____ a las cuatro de la mañana.

11. No niego que ella (ser) _____ muy puntual.

12. Estoy seguro de que nosotros (necesitar) _____ un casillero en la oficina.

D. Answer the following questions, using the cues.

1. ¿A qué hora se abre la oficina de correos? (a las diez)

_____

2. ¿Cómo se sale de este edificio? (por aquella puerta)

_____

3. ¿A qué hora se cierran los bancos? (a las tres)

_____

4. ¿Qué idioma se habla en Río de Janeiro? (portugués)

_____

5. ¿Cómo se dice *"traffic light"* en español?

_____

E. **¿Cómo se dice...?** Give the Spanish equivalent of the following exchanges.

1. "I think she has the packages."
   "No, I don't think she has them."

_____

_____

2. "He says that I need a passport and a visa to travel to Spain."
   "It's true that you need a passport, but it's not true that you need a visa."

_____

_____

_____

_____

3. "We can take the subway."
   "I doubt that there is a subway in this city."

_____

_____

4. "At what time does the dry cleaner open?"
   "It opens at nine o'clock."

_____

_____

F.   Crucigrama (covering vocabulary from **Lecciones 11** and **12**)

HORIZONTAL

3. Quiere quedarse en _____ porque está muy cansado.
4. Voy a estar muy ocupado porque tengo que hacer muchas _____.
5. ¿Vas a mandar la carta por vía _____?
7. opuesto de **bajar**
9. El hotel _____ en la calle Magnolia.
11. Venden sellos en la _____ número tres.
15. Para enviar una carta se necesita una _____.
19. ¿Doblo o sigo _____?
21. El semáforo está en _____.
24. No me desperté porque no sonó el _____.
25. ¿Lo vas a comprar al contado o a _____?
26. No tienen dinero; son muy _____.
27. aparcar

VERTICAL

1. Compré un rollo de _____.
2. Puse las cartas en su _____.
5. opuesto de **abajo**
6. No es _____. Siempre llega tarde.
8. Necesita un documento de _____.
10. Fui a la oficina de _____ para enviar un telegrama.
12. opuesto de **moderno**
13. Vive en los Estados Unidos, pero no es de aquí; es _____.
14. Tenemos que _____ porque no tenemos coche.
16. No puedo lavarlo. Tengo que llevarlo a la _____.
17. Si necesitas dinero, puedo mandarte un _____ postal.
18. ¿Vas a pagar con un cheque o en _____?
20. Voy a abrir una _____ de ahorros.
22. Quiero _____ quinientos dólares en mi cuenta corriente.
23. escribir la fecha

I. DIALOGUES

A.   The dialogues will be read first without pauses, and then with pauses for student repetition.

Pidiendo información

Julia, una chica de Honduras, llegó a Madrid hace una semana. Con sus amigos españoles visitó el Parque del Retiro, el Palacio Real, Segovia, Ávila y la antigua ciudad de Toledo. En cada lugar compró un montón de tarjetas postales para enviárselas a sus padres y a sus amigos. Hoy decidió ir al correo para enviar las postales y recoger un paquete.

JULIA	—*(Piensa)* Dudo que el correo esté abierto a esta hora. Creo que se abre a las nueve. (*A un señor que está parado en la esquina.*) Dígame, señor, ¿dónde queda la oficina de correos?
SR. GÓMEZ	—Está a cinco manzanas de aquí, en la Plaza de la Cibeles.
JULIA	—Es que... soy extranjera y no conozco las calles. ¿Puede decirme cómo llegar ahí?
SR. GÓMEZ	—¡Ah!, siga derecho por esta calle hasta llegar a la Plaza de Colón.
JULIA	—¿Cuántas cuadras?
SR. GÓMEZ	—Dos. Después doble a la derecha, en la calle Alcalá.
JULIA	—¿La oficina de correos está en esa calle?
SR. GÓMEZ	—Sí, ahí mismo. Es un edificio antiguo y está frente a la estación del metro.

A las nueve de la mañana, Julia llega a la oficina de correos.

JULIA	—Perdón. Quiero recoger un paquete. Mi nombre es Julia Reyes.
EMPLEADO	—¿Tiene un documento de identidad?
JULIA	—Mi pasaporte... pero lo dejé en el hotel.
EMPLEADO	—No creo que se lo den sin identificación.
JULIA	—Bueno, vuelvo esta tarde. ¿Dónde puedo comprar sellos?
EMPLEADO	—Vaya a la ventanilla número dos, a la izquierda.

En la ventanilla número dos, Julia le pide al empleado los sellos que necesita.

JULIA	—Quiero enviar estas tarjetas postales por vía aérea y una carta certificada a Honduras.
EMPLEADO	—Son dos mil quinientas pesetas, señorita.
JULIA	—¿Adónde tengo que ir para enviar un telegrama?
EMPLEADO	—Suba al segundo piso. La oficina de telégrafos está arriba.

Después de enviar el telegrama, Julia sale de la oficina de correos y camina hacia la Gran Vía, donde la espera su amiga Pilar.

JULIA —(*A Pilar*) Creía que no ibas a estar aquí.

PILAR —Oye, guapa, no es verdad que los españoles siempre lleguemos tarde como creéis vosotros. A veces somos puntuales.

B. Comprehension activity

You will now hear questions about the dialogue. Answer each one, omitting the subject. The speaker will confirm your response.

II. PRONUNCIATION

When you hear the number, read the corresponding sentence aloud.

1. Visitó el Parque del Retiro.
2. Va a enviárselas a sus padres.
3. Hoy decidió ir al correo.
4. Soy extranjera y no conozco las calles.
5. Tiene un documento de identidad.
6. Vaya a la ventanilla número dos.
7. Envió las cartas por vía aérea.
8. La oficina de telégrafos está arriba.

III. LET'S PRACTICE!

A. Change each statement to a direct command. Follow the model.

MODELO: Ud. tiene que estudiar la lección.
Estudie la lección.

B. Answer the following questions affirmatively or negatively, according to the cues.

C. You will hear a series of statements. Respond to each one by expressing doubt, disbelief, or denial. Follow the model.

MODELO: Creo que Ana tiene el paquete.
No creo que Ana tenga el paquete.

D. Answer each question, using the cue.

1. (español)   2. (a las nueve)   3. (el pelo corto)   4. (en la esquina)   5. (en California)
6. (español)   7. (inglés)   8. (a las seis)

IV. LISTENING COMPREHENSION

Before listening to the dialogues in this section, study the comprehension questions below. Reviewing the questions ahead of time will help you remember key information as you listen.

1. ¿Cuánto tiempo hace que Olga llegó a Madrid?
2. ¿Qué lugares visitó?
3. ¿Por qué no fue a Ávila?
4. ¿Dónde viven los padres de Pilar?
5. ¿Por qué no fue Olga a Sevilla?
6. ¿Qué quiere Jorge que haga Raquel?
7. ¿Qué duda Raquel?
8. ¿A qué hora se cierra el correo el viernes?
9. ¿Cómo va a mandar Raquel las cartas?
10. ¿Qué tiene que comprar Raquel en el correo?

11. ¿A qué otro lugar tiene que ir Raquel?
12. ¿Qué tiene que recoger en la tintorería?
13. ¿Qué pregunta el señor?
14. ¿Dónde queda el hotel?
15. ¿El señor es extranjero?
16. ¿La señora dice que doble a la izquierda o a la derecha?
17. ¿El hotel San Martín está muy lejos?
18. ¿Cuántas cuadras tiene que caminar el señor?

Listen carefully to each dialogue and then answer the questions, omitting the subject. The speaker will confirm your response. Repeat the correct answer.

V. LISTENING AND WRITING ACTIVITIES

A. You will hear a series of radio commercials and public service ads. First listen carefully for general comprehension. Then, as you listen for a second time, fill in the blanks beside each number in the map below with the name of the place at that location.

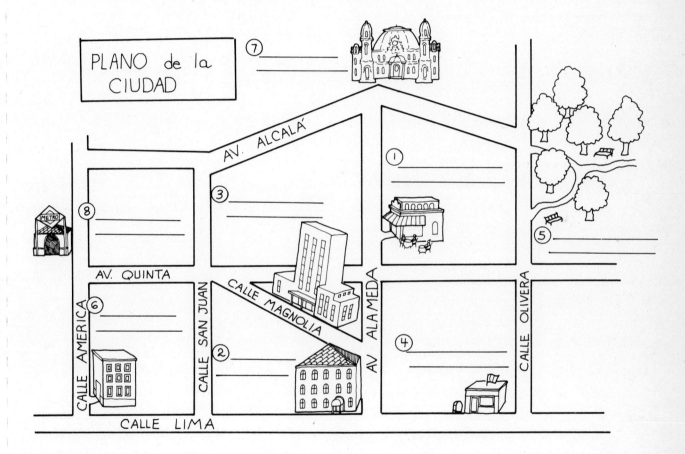

B. Dictation

1. _____

2. _____

3. _____

4. _____

5. _____

Check Your Progress
Lecciones 11 y 12

Name _____

Section _____

Date _____

Lección 11

A. Complete the following sentences with the present subjunctive or the infinitive, as needed.

1. Temo que ellos no nos _____ (dar) el préstamo.

2. Siento no _____ (poder) ir contigo.

3. Ellos quieren que yo _____ (abrir) una cuenta de ahorros, pero yo quiero _____ (abrir) una cuenta corriente.

4. Me alegro de _____ (estar) aquí hoy.

5. Mamá nos aconseja que _____ (ir) temprano.

6. Yo te sugiero que _____ (firmar) el contrato.

7. Ellos quieren que Ana _____ (estar) aquí por un mes, pero ella quiere _____ (irse) antes.

8. Espero que Uds. _____ (saber) el número de su cuenta.

9. Siento no _____ (poder) ir contigo a la tienda, pero espero que tú _____ (poder) venir a casa mañana.

10. Te sugiero que _____ (comer) menos y _____ (caminar) más.

B. Complete the following sentences in an original manner.

1. Mis padres quieren que yo _____

_____.

2. Siento que mis amigos _____

_____.

3. Ojalá que la profesora _____

_____.

4. Temo que mi mamá _____

_____.

5. Si te duele la cabeza, te sugiero que _____

_____.

C. Give the Spanish equivalent of the following sentences.

1. This is the man who brought the roll of film.

   _____

   _____

2. I want to talk with a person who knows the balance of my account.

   _____

   _____

3. I hope she can take me to the police station.

   _____

   _____

Lección 12

A. Give the following commands, using the cues in parentheses.

1. No comprarlos. (Uds.)_____

2. Decírselo. (Ud.) _____

3. No ir al correo. (Uds.) _____

4. Traérmelas. (Ud.)_____

5. Dárselos. (Uds.) _____

6. No mandárnoslas. (Ud.) _____

7. Acostarse. (Ud.) _____

8. No bañarse ahora. (Uds.) _____

B. Complete the following sentences in an original manner.

1. No creo que mi padre _____

   _____

2. Dudo que mi novio(-a) _____

   _____

3. No es verdad que yo _____

   _____

4. Estoy seguro de que mis compañeros _____

   _____

5. No dudo que mi familia _____

   _____

C.   Give the Spanish equivalent of the following sentences.

1. What time do the stores open and what time do they close?

_____

_____

2. I doubt that there is a mailbox on that corner.

_____

_____

3. It's not true that she is a foreigner.

_____

_____

Name _____

Section _____

Date _____

_____

A. Look at the pictures below, then complete each sentence with either the indicative or the subjunctive.

1. Vamos a un _____

   donde _____

   _____ .

2. ¿Hay algún _____

   donde _____

   _____ ?

3. Tengo una empleada que _____

   _____

   _____ .

4. Necesito una _____

   _____

   _____ .

151

5. Tengo una amiga que _____

_____

_____ .

6. No conozco a nadie que _____

_____

_____

7. Hay un señor que _____

_____

_____ .

8. No hay nadie que _____

_____

_____ .

B.   Complete each sentence with either the subjunctive or the indicative, as appropriate.

1. Te voy a llamar en cuanto nosotros _____ (llegar).

2. Siempre te llamo en cuanto Marta _____ (llegar).

3. Vamos a esperar hasta que el doctor _____ (volver).

4. Voy a decírtelo cuando Marta me _____ (llamar).

5. Lo van a saber cuando yo se lo _____ (decir).

6. Se lo compré en cuanto Roberto me _____ (dar) el dinero.

7. Vamos a ir a la cafetería cuando tú _____ (terminar).

8. Lo hizo tan pronto como yo se lo _____ (pedir).

9. Voy a salir tan pronto como ellos _____ (venir).

10. Siempre me espera hasta que yo _____ (terminar) el trabajo.

C. Use the subjunctive after the expressions **con tal que, sin que, en caso de que**, and **a menos que** to complete the following sentences.

    1. Te voy a dar el dinero con tal que tú (venir) _____.

                         ella (trabajar) _____.

                         ellos (salir) _____.

                         él (irse) _____.

    2. Me voy sin que tú (firmar) _____ el registro.

                   él (ver) _____ las tarjetas.

                   ellos (hablar) _____ conmigo.

                   nosotros (saber) _____ la dirección.

    3. Vamos a decírselo en caso de que yo (poder) _____ traérselo.

                   él (hablar) _____ con el agente.

                   ellos (querer) _____ la lámpara.

                   Uds. (comprar) _____ las cortinas.

    4. Te lo voy a comprar a menos que él (decir) _____ que no.

                   tú (tener) _____ el dinero.

                   ella (pensar) _____ que es caro.

                   Uds. (irse) _____ hoy.

D. Provide the questions that elicit each statement as a response, using **qué** or **cuál**, as needed.

    1. _____

       Mi apellido es Rodríguez.

    2. _____

       Mi número de teléfono es 239–8745.

    3. _____

       La sangría es una bebida que se prepara con frutas y vino tinto.

    4. _____

       Una enchilada es una comida típica mexicana.

    5. _____

       Mi dirección es Magnolia 234, Riverside, California.

    6. _____

       Mi número de seguro social es 756–89–5647.

E. Complete the following, using **sino** or **pero**, as needed.

    1. No compramos una frazada _____ una sobrecama.

    2. La casa tiene calefacción _____ no tiene aire acondicionado.

    3. No soy pesimista _____ realista.

4. Es verdad que no tiene lavaplatos, _____ tiene un fregadero grande.

5. Nosotros no trabajamos tiempo completo _____ medio día.

F. **¿Cómo se dice...?** Give the Spanish equivalent of the following exchanges.

1. "We need a house that has at least four bedrooms."
   "I don't think you can find one for less than ninety thousand dollars."

   _____

   _____

   _____

   _____

2. "Are you going to buy a refrigerator?"
   "Yes, unless the apartment has one."

   _____

   _____

3. "When we move, we're going to send you our phone number."
   "As soon as I get it, I will call you."

   _____

   _____

4. "Do you know where I can buy a house that is big, comfortable, and inexpensive?"
   "Yes, but not in this neighborhood."

   _____

   _____

   _____

5. "Is there anybody here who speaks Spanish?"
   "Yes, there are two girls who speak Spanish."

   _____

   _____

6. "Are we going to the beach tomorrow, even if it rains?"
   "No, if it rains, we're going to stay home."

   _____

   _____

G. Unscramble the following words to form sentences.

1. llamar / universidad / tan / te / como / voy / llegue / a / de / pronto / la

   _____

   _____

2. la / mudarse / apartamento / cerca / necesitan / de / a / van / porque / un / que / universidad / esté

   _____

   _____

LECCIÓN 13 LABORATORY ACTIVITIES

Name _____

Section _____

Date _____

I. DIALOGUE

A. The dialogue will be read first without pauses, and then with pauses for student repetition.

Se alquila un apartamento

Irene y Lucía, dos chicas colombianas, están estudiando en la Universidad Nacional Autónoma de México. Ahora quieren mudarse porque necesitan un apartamento que esté más cerca de la universidad.

LUCÍA —¡Irene! En el periódico anuncian un apartamento que tiene dos dormitorios y está en un barrio elegante.

IRENE —¡A ver! (*Lee el anuncio.*)

Anuncios Clasificados

Se alquila: apartamento amueblado: dos recámaras, sala, comedor, cocina y cuarto de baño. Calefacción central. Barrio elegante. Llamar al teléfono 481-3520 de 1 a 5 de la tarde. Alquiler: $600.000.

LUCÍA —Mañana, tan pronto como regresemos de la universidad, podemos llamar para ir a verlo.

IRENE —No sé... Nosotras necesitamos un apartamento que tenga garaje... Además, es muy caro para nosotras, Lucía.

LUCÍA —Bueno, mañana, cuando llamemos, podemos preguntar. A ver... ¿cuál es el número de teléfono?

Al día siguiente, en cuanto vuelven de la universidad, las chicas van a ver el apartamento.

LUCÍA —¡Me encantan los muebles y las cortinas!

IRENE —Con el sueldo que nosotras ganamos no vamos a poder pagar el alquiler.

LUCÍA —Entonces en vez de trabajar medio día podemos trabajar tiempo completo.

IRENE —¿Estás loca? No hay nadie que pueda trabajar tiempo completo y al mismo tiempo estudiar en la universidad.

LUCÍA —¡Eres tan pesimista, Irene!

IRENE —No soy pesimista, sino realista. Además, vamos a necesitar dinero para comprar mantas, sábanas, fundas y utensilios de cocina.

LUCÍA —(*No le hace caso y va a la cocina*.) La cocina tiene refrigerador y lavaplatos... y un fregadero grande.

IRENE —No podemos tomar una decisión hasta que veamos otros apartamentos.

LUCÍA —Pero, Irene, no vamos a encontrar ningún apartamento que sea tan bueno como éste.

IRENE —Tal vez, pero no podemos pagar el alquiler de este apartamento a menos que recibamos una herencia. ¡Vámonos!

LUCÍA —(*Enojada*) ¡Aguafiestas!

B. Comprehension activity

You will now hear questions about the dialogue. Answer each one, omitting the subject. The speaker will confirm your response.

II. PRONUNCIATION

When you hear the number, read the corresponding sentence aloud. Then listen to the speaker and repeat the sentence once more.

1. Aquí anuncian un apartamento.
2. Se alquila apartamento amueblado.
3. Tiene calefacción central y aire acondicionado.
4. Al día siguiente vuelven a la universidad.
5. No soy pesimista sino realista.
6. La cocina tiene refrigerador.
7. No podemos tomar una decisión.
8. Vamos a recibir una herencia.

III. LET'S PRACTICE!

A. Answer the questions, using the cues. Be sure to use the subjunctive in your answers. Follow the model.

MODELO: —¿Qué necesita? (casa–ser cómoda)
—**Necesito una casa que sea cómoda.**

1. (casa–tener garaje)
2. (secretaria–hablar español)
3. (empleado–saber francés)
4. (puesto–pagar bien)
5. (a alguien–poder arreglarlo)

B. Answer the questions, using the indicative and the cues. Follow the model.

MODELO: —¿No hay nadie que sepa hablar inglés? (chica)
—**Sí, hay una chica que sabe hablarlo.**

1. (muchas personas) 2. (señor) 3. (señora) 4. (estudiante) 5. (chico)

C. You will hear a statement. Change it according to the cues. Follow the model.

MODELO: Me escribió cuando llegó. (Me va a escribir)
Me va a escribir cuando llegue.

1. (Voy a comprar) 2. (Va a venir) 3. (Van a esperar) 4. (Voy a salir)

D. Answer the questions affirmatively, using the cues. Follow the model.

MODELO: —¿Me vas a llevar al cine? (no llover)
—**Sí, te voy a llevar con tal que no llueva.**

1. (tener tiempo) 2. (tú pagarme)

Now answer the questions negatively, using the cues. Follow the new model.

MODELO: —¿Van a poner ustedes la mesa? (Uds.–traer el mantel)
　　　　—No podemos ponerla sin que Uds. nos traigan el mantel.

1. (dar el dinero)　2. (prestar el coche)

Now answer the questions using the cues. Follow the new model.

MODELO: —¿Piensas ir a la cabaña? (llover)
　　　　—Pienso ir a menos que llueva.

1. (hacer frío)　2. (estar enfermo)

E. Using **qué** or **cuál**, provide the questions that elicit each of the following statements as a response.

MODELO: Mi dirección es calle Libertad, número ciento veinte.
　　　　¿Cuál es su dirección?

F. You will hear two parts of a sentence. Join them using either **sino** or **pero**, as necessary.

MODELO: No soy médico. (enfermero)
　　　　No soy médico sino enfermero.

1. (estudiante)　2. (no vino)　3. (no sabe español)　4. (tienda)　5. (azul)

IV. LISTENING COMPREHENSION

Before listening to the dialogues in this section, study the comprehension questions below. Reviewing the questions ahead of time will help you remember key information as you listen.

1. ¿Qué dice Alina que tienen que hacer ella y Marcos?
2. ¿Ellos viven muy cerca del trabajo de Marcos?
3. ¿Qué está leyendo Marcos?
4. ¿En qué calle está el apartamento que anuncian?
5. ¿Cuántos dormitorios tiene?
6. ¿Qué más tiene?
7. ¿Cuándo dice Alina que pueden ir a verlo?
8. ¿Con quién dice Alina que va a ir a ver el apartamento?
9. ¿A qué hora va a estar Marcos en su casa?
10. ¿Le gusta mucho el apartamento a Teresa?
11. ¿Está amueblado el apartamento?
12. ¿Qué les va a regalar la mamá de Teresa?
13. ¿Para qué cuarto necesitan muebles?
14. ¿Qué muebles tienen para el dormitorio?
15. ¿Tienen colchón?
16. ¿Hasta cuándo dice Héctor que no pueden mudarse?

Listen carefully to each dialogue, and then answer the questions, omitting the subject. The speaker will confirm your response. Repeat the correct answer.

V. LISTENING AND WRITING ACTIVITIES

A. You will hear a conversation between a real estate agent and a customer. First, listen carefully for general comprehension. Then, as you listen for a second time, fill in the information requested below.

Agencia "La cubana"
Calle 8, número 325
Miami, Florida
Tel. (305) 428–6345

Casa ☐

Apartamento ☐

Dirección: Calle _____ , número _____

Se vende ☐   Amueblado ☐

Se alquila ☐   Sin muebles ☐

Con _____ dormitorios y _____ cuartos de baño

Sala ☐   Comedor ☐

Cocina con _____

_____

Garaje ☐   Para _____

Calefacción ☐   Aire acondicionado ☐

Jardín ☐   Piscina ☐

Precio _____ dólares

Puede verse desde la(s) _____ hasta la(s) _____

B. Dictation

1. _____
2. _____
3. _____
4. _____
5. _____

Name _____

Section _____

Date _____

A. Give the Spanish equivalent of the following past participles.

1. brought _____   10. died _____

2. covered _____   11. wrapped _____

3. done _____   12. broken _____

4. opened _____   13. gone _____

5. used _____   14. changed _____

6. said _____   15. seen _____

7. written _____   16. received _____

8. eaten _____   17. read _____

9. returned _____   18. put _____

B. Change each sentence to the present perfect, then to the pluperfect.

1. Vamos de compras.

   _____

   _____

2. Compro la chaqueta.

   _____

   _____

3. Lo ponen en el ropero.

   _____

   _____

4. ¿Comes algo?

   _____

   _____

5. Se queda en la planta baja.

   _____

   _____

6. Salimos al mismo tiempo.

_____

_____

7. Abren el probador.

_____

_____

8. Me dices que sí.

_____

_____

C. Complete each sentence according to the corresponding picture.

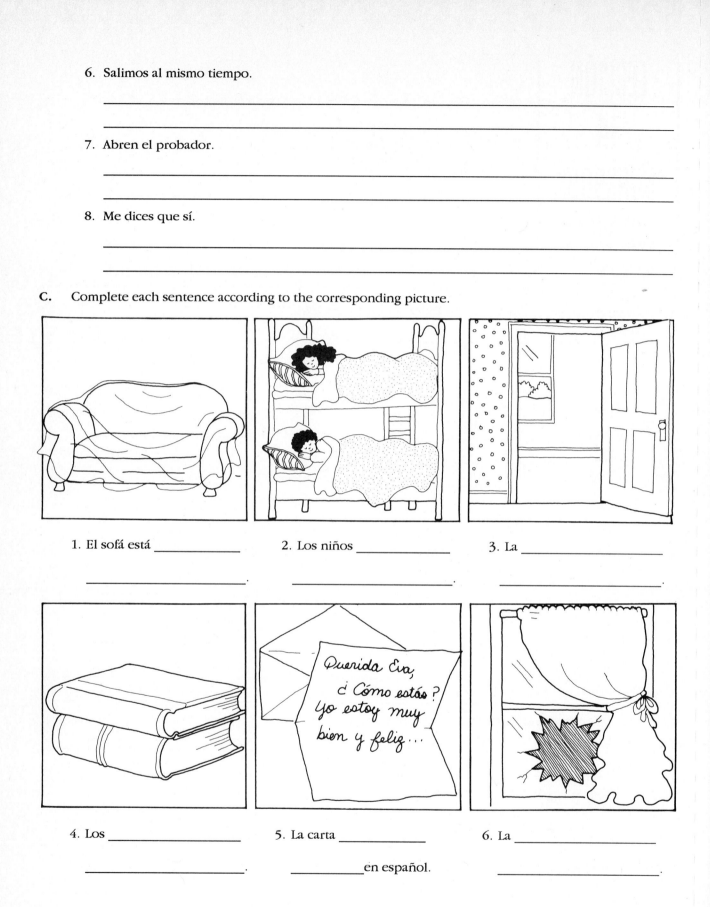

1. El sofá está _____

_____ .

2. Los niños _____

_____ .

3. La _____

_____ .

4. Los _____

_____ .

5. La carta _____

_____ en español.

6. La _____

_____ .

7. Los _____

en la _____.

8. La _____

_____.

9. El _____

_____.

D. Fill in the spaces below with the familiar **tú** form.

	Affirmative Command	*Negative Command*
1. hablar		
2. comer		
3. escribir		
4. hacerlo		
5. venir		
6. bañarse		
7. afeitarse		
8. dormirse		
9. ponérselo		
10. ir		
11. ser		
12. vendérmelo		
13. levantarse		
14. tener		
15. salir		
16. decírselo		

E. **¿Cómo se dice...?** Give the Spanish equivalent of the following exchanges.

1. "Are you going to buy the red purse?"
   "Yes, because it matches my sandals."

   _____

   _____

2. "Tell me, Anita, where have you put your wallet?"
   "I've put it in my purse."

   _____

   _____

3. "Did Olga exchange the boots that you had bought her?"
   "Yes, because they were too small for her."

   _____

   _____

4. "Shall I wrap the shoes (for you)?"
   "Yes, wrap them up, please."

   _____

   _____

5. "Are you going to go shopping, Rosa?"
   "Yes, because I have nothing to wear."
   "Do me a favor. Buy me a pair of gloves."

   _____

   _____

   _____

6. "Do you want to have something to eat?"
   "Yes, we are starving!"

   _____

   _____

F.   **Crucigrama** (covering vocabulary from **Lecciones 13** and **14**)

   HORIZONTAL

   1. Si tienes frío debes ponerte la _____.
   4. No trabajo ocho horas. Trabajo _____ día.
   7. No puedo comprarle zapatos porque no sé qué número _____.
   9. salario
   10. Los hombres no usan blusa, usan _____.
   12. mesa, silla, sofá, cómoda, etc.
   13. No quiero un vestido. Quiero una _____ y una blusa.
   16. Mi casa tiene _____ central.
   17. Los hombres no usan pantimedias; usan _____.

   19. Necesito _____ para mi cama.
   20. Ella está en el _____ de ropa para señoras.
   22. Voy a comer algo. Estoy _____ de hambre.
   24. liquidación
   25. Los zapatos no me quedan bien. Me _____ mucho.
   27. La casa es cara porque está en un _____ muy elegante.
   28. Pongo el dinero en la _____.
   31. bolsa
   32. Compré mis sandalias en la _____.
   35. Vendimos la casa y ahora tenemos que _____.
   36. No voy a poder ir a _____ que él me dé el dinero.
   37. persona que trabaja en una tienda

VERTICAL

2. Necesito la funda para ponérsela a la _____.
3. butaca
5. El sofá está en la _____.
6. Hay muchas flores (*flowers*) en el _____.
7. Necesitamos una _____ para ponerla en la ventana.
8. Los usamos en las manos cuando tenemos frío.
11. No soy pesimista. Soy _____.
13. Lavo los platos en el _____ porque no tengo lavaplatos.
14. enfadado

15. Fui a la tienda para comprar _____ interior.
18. recámara
21. Deseo probarme esta blusa. ¿Dónde está el _____?
23. En invierno siempre pongo una _____ en mi cama.
26. ¿Ud. usa _____ mediana o pequeña?
29. Ellos siempre suben por la _____ mecánica.
30. Aquí no tenemos calor porque la casa tiene aire _____.
33. ropero
34. No tengo que comprar muebles porque el apartamento está _____.
38. Pusieron las butacas en el salón de _____.

Name _____

Section _____

Date _____

I. DIALOGUE

A. The dialogue will be read first without pauses, and then with pauses for student repetition.

De compras en El Corte Inglés

Anita y su esposo Hugo han abierto el armario y han dicho, casi al mismo tiempo, «¡No tengo nada que ponerme!» Han decidido, pues, ir de compras a El Corte Inglés.

Cuando llegan, la tienda no está abierta todavía, pero ya hay mucha gente porque hoy hay una gran rebaja. A las nueve entran en la tienda con muchas otras personas. Anita sube por la escalera mecánica hasta el segundo piso, donde está el departamento de ropa para señoras. Hugo se queda en el departamento de ropa para caballeros, que está en la planta baja.

En el departamento de ropa para señoras, Anita se encuentra con su amiga Tere.

ANITA	—Dime, Tere, ¿cuánto cuesta esa blusa anaranjada?
TERE	—Mil ochocientas pesetas. ¿Qué talla usas?
ANITA	—Uso talla treinta y ocho. Voy a probármela.
TERE	—Pruébate también esta falda. El probador está a la izquierda.
ANITA	—Oye, hazme un favor. Tráeme una blusa talla treinta y seis.
TERE	—Espera... Lo siento, no hay tallas más pequeñas.

Anita compró la blusa, pero no compró la falda porque le quedaba grande y era demasiado cara. Fue a la zapatería para comprar un par de zapatos rojos, porque Hugo le había regalado una bolsa roja.

ANITA	—¿Tiene zapatos rojos?
DEPENDIENTE	—Lo siento, señora, pero en rojo solamente tengo estas sandalias.
ANITA	—Yo calzo el treinta y seis. (*A Tere*) Hacen juego con mi bolsa.

El dependiente le prueba las sandalias.

ANITA	—Me aprietan un poco, pero me las llevo.
DEPENDIENTE	—¿Se las envuelvo o quiere llevárselas puestas?
ANITA	—Envuélvamelas, por favor.

En el departmento de ropa para caballeros, Hugo ha comprado un traje, dos pantalones, tres camisas y una chaqueta. También ha cambiado un par de botas que había comprado porque le quedaban chicas. Hugo, Anita y Tere se encuentran a la salida.

ANITA	—Hugo, llévanos a comer algo. ¡Estamos muertas de hambre!
HUGO	—¡Yo también! Esperadme aquí. Yo voy por el coche.

B. Comprehension activity

You will now hear questions about the dialogue. Answer each one, omitting the subject. The speaker will confirm your response.

II. PRONUNCIATION

When you hear the number, read the corresponding sentence aloud.

1. El probador está a la izquierda.
2. Tráeme una blusa talla treinta y seis.
3. El dependiente le prueba las sandalias.
4. Quiere llevárselas puestas.
5. Envuélvamelas, por favor.
6. Está en el departamento de ropa para caballeros.
7. Me aprietan un poco, pero me las llevo.
8. Las botas le quedaban chicas.

III. LET'S PRACTICE!

A. Give the corresponding past participle for each infinitive.

MODELO: hablar
         hablado

B. Answer the questions by saying that everything has been done.

MODELO: —¿No van a abrir los libros?
         —**Están abiertos**.

C. Change the verb in each sentence to the present perfect.

MODELO: Yo hablo con ella.
         Yo he hablado con ella.

D. Change the verb in each sentence to the past perfect.

MODELO: Ella no se fue.
         Ella no se había ido.

E. Answer each of the following questions, using the familiar **tú** command.

MODELO: —¿No vas a ir al baile?
         —**No, ve tú**.

F. Anwer each of the following questions, using the negative familiar command and the corresponding object pronoun. Remember that the negative command forms of **tú** use the corresponding forms of the present subjunctive. Follow the model.

MODELO: —¿Abro la puerta?
         —**No, no la abras**.

IV. LISTENING COMPREHENSION

Before listening to the dialogues in this section, study the comprehension questions below. Reviewing the questions ahead of time will help you remember key information as you listen.

1. ¿Cuándo es la fiesta de Carmen?
2. ¿Por qué no va a poder ir Alicia a la fiesta?
3. ¿Qué hay en la tienda La Francia?
4. ¿Por qué no puede ir de compras Alicia?
5. ¿Qué puede prestarle Marta a Alicia?

6. ¿Qué talla usan Marta y Alicia?
7. ¿Qué desea el señor?
8. ¿Qué talla usa?
9. ¿Cómo le queda la chaqueta?
10. ¿Qué más va a probarse el señor?
11. ¿Dónde está el probador?
12. ¿Qué más necesita el señor?
13. ¿Qué quiere probarse la señorita?
14. ¿Qué número calza ella?
15. ¿Le quedan bien las sandalias o le aprietan?
16. ¿Tienen sandalias más grandes?
17. ¿Tienen una rebaja en la zapatería hoy?
18. ¿La señorita quiere comprar algo más?

Listen carefully to each dialogue, and then answer the questions, omitting the suject. The speaker will confirm your response. Repeat the correct answer.

V. LISTENING AND WRITING ACTIVITIES

A. You will hear a conversation between Eva and José about their plans to go shopping. First, listen carefully for general comprehension. Then, as you listen for a second time, complete the shopping lists below.

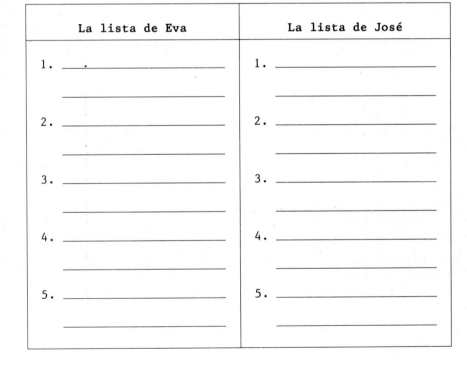

La lista de Eva	La lista de José
1. _____	1. _____
2. _____	2. _____
3. _____	3. _____
4. _____	4. _____
5. _____	5. _____

B. Dictation

1. _____
2. _____
3. _____
4. _____
5. _____

Check Your Progress
Lecciones 13 y 14

Lección 13

A. Complete the following in an original manner, using either the present indicative or the present subjunctive.

1. Quiero una casa que _____.

2. Conozco a una chica que _____.

3. Necesito una secretaria que _____.

4. Te voy a llamar por teléfono cuando _____.

5. Siempre la llamo en cuanto _____.

6. Mis padres trabajan para que nosotros _____.

7. Iremos a la playa con tal que no _____.

8. Aquí no hay nadie que _____.

B. Answer the following questions in complete sentences.

1. ¿Qué vas a hacer mañana en cuanto llegues a tu casa?

_____

2. ¿Qué vas a comprar cuando tengas dinero?

_____

3. ¿Piensas asistir mañana a clase aunque llueva?

_____

4. ¿Tú sabes cuál es el número de teléfono de tu profesor(a)?

_____

5. ¿Hay alguien en tu clase de español que hable chino?

_____

C. Give the Spanish equivalent of the following sentences.

1. I can buy the bedspread, provided my mother gives me the money.

_____

_____

2. I'm going to wait for him until he arrives.

_____

3. I don't want his address but his phone number.

_____

4. What is your driver's license number, Mr. Alba?

_____

Lección 14

A. Change the verbs in the following sentences to the present perfect tense.

1. Yo no la abro. _____

2. Ellos se van. _____

3. ¿Él te lo dice? _____

4. No estudias. _____

5. No hacemos nada. _____

B. Change the verbs in the following sentences to the past tense.

1. No lo envolvieron todavía. _____

2. ¿Tú ya comiste? _____

3. Lo escribió en francés. _____

4. La puse en el ropero. _____

5. No lo rompimos. _____

C. Using the **tú** form, tell a friend what to do or not to do in each situation below.

1. Me duele la cabeza.

_____

2. No me gusta llamarla por teléfono.

No _____

3. Necesito dinero.

_____

4. No quiero acostarme todavía.

No _____

5. No quiero hacer el trabajo ahora.

No _____

6. No quiero ir a clase hoy.

   No_____

7. Tengo mucho frío.

   _____

8. Estoy muerta de hambre.

   _____

9. No puedo venir el sábado.

   _____

10. No puedo hacerlo hoy.

    _____

D. Give the Spanish equivalent of the following sentences.

1. He had said that the letters were written in Italian.

   _____

2. She has put the broken dishes on the table.

   _____

3. The door was closed but the windows were open.

   _____

4. Go back home and bring your books. Put them on the desk.

   _____

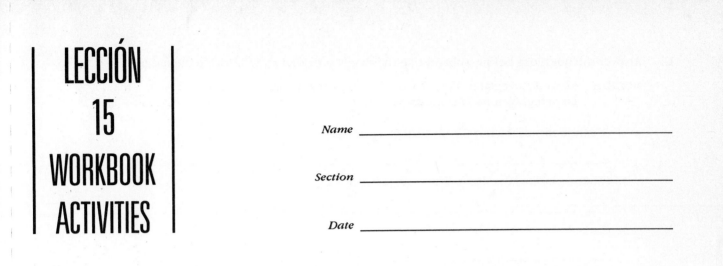

LECCIÓN
15
WORKBOOK
ACTIVITIES

Name _____

Section _____

Date _____

A. Complete the chart below by writing the corresponding future forms of the following verbs.

Infinitive	yo	tú	Ud., él, ella	nosotros	Uds., ellos, ellas
revisar					
decir	diré				
hacer		harás			
querer			querrá		
saber				sabremos	
poder					podrán
caber	cabré				
poner		pondrás			
venir			vendrá		
tener				tendremos	
salir					saldrán
valer	valdré				
ir		irás			
ser			será		

B.   Answer the questions below, substituting the words provided and following the model.

MODELO: ¿Cuándo arreglarán Uds. el coche? (la semana próxima)
Lo arreglaremos la semana próxima.

1. ¿Cuándo me cambiarán Uds. el aceite? (mañana)

_____

2. ¿Cuándo instalarán ellos el filtro? (el sábado)

_____

3. ¿Cuándo lo sabré? (esta noche)

_____

4. ¿Cuándo podrá venir el empleado? (esta tarde)

_____

5. ¿Dónde pondrás el agua? (en la batería)

_____

6. ¿Con quién vendrás al taller? (con David)

_____

7. ¿Qué nos traerán Uds.? (un silenciador)

_____

8. ¿Qué tendremos que hacer él y yo? (arreglarlo)

_____

C.   Give the Spanish equivalent of the following sentences, using the future of probability.

MODELO: Who do you suppose she is?
¿Quién será ella?
I wonder how much money he has.
¿Cuánto dinero tendrá él?

1. *I wonder* what time it *is*.

_____

2. Where *do you suppose* the license *is*?

_____

3. *I wonder if* the motor *is working*.

_____

4. What *do you suppose* Mary *is doing*?

_____

5. *I wonder* if the tank *is empty*.

_____

D. Answer the questions below, following the model and substituting the words provided.

MODELO: ¿Qué dijo él? (venir)
            Dijo que vendría.

1. ¿Qué dijeron ellos? (ir)

   _____

2. ¿Qué dije yo? (hacerlo)

   _____

3. ¿Qué dijiste tú? (salir)

   _____

4. ¿Qué dijimos Ana y yo? (parar aquí)

   _____

5. ¿Qué dijeron Uds.? (ponerlo allí)

   _____

6. ¿Qué dijo ella? (llenar el tanque)

   _____

7. ¿Qué dijo Ud.? (no decirlo)

   _____

8. ¿Qué dijiste? (tener que arreglar los frenos)

   _____

9. ¿Qué dijeron Uds.? (ellos no caber)

   _____

10. ¿Qué dijo él? (el coche valer mucho)

   _____

E. **¿Cómo se dice...?** Give the Spanish equivalent of the following exchanges.

1. "Gee! Where do you suppose there is a service station?"
   "There must be one near here . . ."

   _____

   _____

2. "What is the speed limit on the highway?"
   "Ninety kilometers."
   "You're going too fast. They're going to give you a ticket."

   _____

   _____

   _____

3. "What do you suppose happened to Roberto last night?"
   "He probably had a flat tire."

   _____

   _____

4. "What did the mechanic say?"
   "He said he would check the carburetor."

   _____

   _____

F. Unscramble the following words to form sentences.

   1. por / velocidad / hora / la / de / máxima / noventa / es / kilómetros

   _____

   _____

   2. manejando / multa / muy / van / estás / te / poner / a / una / porque / rápido

   _____

   _____

Name _____

Section _____

Date _____

A.   The dialogue will be read first without pauses, and then with pauses for student repetition.

Camino a San José

Gloria y Julio, una pareja de recién casados, están de vacaciones en Costa Rica. Ahora están en la carretera, camino a San José.

GLORIA —¡Julio, estás manejando muy rápido! La velocidad máxima es de noventa kilómetros por hora. ¡Te van a poner una multa!

JULIO —No te preocupes. ¿Dónde estaremos? ¿Tú tienes el mapa?

GLORIA —Está en el portaguantes, pero según ese letrero estamos a cuarenta kilómetros de San José.

JULIO —¿Habrá una gasolinera cerca? El tanque está casi vacío.

GLORIA —Yo creo que tendrás que esperar hasta llegar a San José. ¡Ah, no! Allí hay una.

Julio para en la estación de servicio para comprar gasolina.

JULIO —(*Al empleado*) Llene el tanque, por favor. Además, ¿podría revisar el aceite y ponerle agua al radiador?

EMPLEADO —Sí, señor.

JULIO —Ayer tuve un pinchazo y el mecánico me dijo que necesitaba neumáticos nuevos...

EMPLEADO —Sí, yo los cambiaría... y también el acumulador.

GLORIA —¡Caramba! También te dijo que tendrías que arreglar los frenos e instalar una bomba de agua nueva.

JULIO —Haremos todo eso en San José.

GLORIA —¿No dijiste que también cambiarías el filtro del aceite y que comprarías limpiaparabrisas nuevos?

JULIO —Sí, pero ahora pienso que sería mejor comprar un coche nuevo.

GLORIA —Ayer el motor estaba haciendo un ruido extraño. ¿Qué sería?

JULIO —Sería el silenciador...

Cuando Julio trata de arrancar, el coche no funciona.

JULIO —¡Ay, no! Tendremos que llamar una grúa para remolcar el coche hasta San José.

GLORIA —¿Cuánto costará un Chevrolet nuevo?

B. Comprehension activity

You will now hear questions about the dialogue. Answer each one, omitting the subject. The speaker will confirm your response.

II. PRONUNCIATION

When you hear the number, read the corresponding sentence aloud.

1. Ahora están en la carretera.
2. El mapa está en el portaguantes.
3. El tanque está casi vacío.
4. Para en la estación de servicio.
5. ¿Podría revisar el aceite?
6. Dijiste que cambiarías el filtro.
7. Necesitamos limpiaparabrisas nuevos.
8. El motor hace un ruido extraño.
9. Sería el silenciador.
10. La grúa va a remolcar el coche.

III. LET'S PRACTICE!

A. Change the verbs in the following statements to the future tense. Follow the model.

MODELO: Yo *voy a ir* a Madrid.
Yo *iré* a Madrid.

B. Answer the questions using the future of probability. Begin each response with the expression **No sé** and use the cues. Follow the model.

MODELO: —¿Dónde está el mecánico? (en el taller)
—No sé. Estará en el taller.

1. (unos veinte) 2. (las seis) 3. (durmiendo) 4. (coches viejos) 5. (el sábado)
6. (unos doce mil dólares) 7. (la hija de Juan) 8. (cien dólares)

C. You will hear some statements about what people are going to do. Using the cues, say what others would do. Follow the model.

MODELO: —Carlos va a comprar un Toyota. (yo–un Chevrolet)
—Yo compraría un Chevrolet.

1. (nosotros–Chile) 2. (yo–allí) 3. (Uds.–pantalón) 4. (ella–mañana) 5. (tú–veinte)
6. (Tito–a las diez) 7. (yo–el domingo) 8. (nosotros–a las siete)

D. Answer each question, using the conditional tense and the cue.

MODELO: —¿Cuántos coches había en la gasolinera? (unos quince)
—Habría unos quince.

1. (unos seis o siete) 2. (con su novio) 3. (como las cuatro) 4. (hablando por teléfono)
5. (comprar aceite) 6. (estar enferma) 7. (diez mil dólares) 8. (en el banco)

IV. LISTENING COMPREHENSION

Before listening to the dialogues in this section, study the comprehension questions below. Reviewing the questions ahead of time will help you remember key information as you listen.

1. ¿Por qué le dieron una multa a Ernesto?
2. ¿Cuál era la velocidad máxima?
3. ¿A qué velocidad iba Ernesto?

4. ¿Por qué iba tan rápido?
5. ¿Qué hora era?
6. ¿Ernesto llegó tarde?
7. ¿De cuánto fue la multa?
8. ¿Qué quiere la señorita que haga el dependiente?
9. ¿Qué debe revisar el dependiente?
10. ¿Qué problema tiene una de las gomas?
11. Según el mecánico, ¿qué sería mejor?
12. ¿Cuánto cuesta una goma?
13. ¿Va a comprar la goma la señorita?
14. ¿Por qué volvió en ómnibus Fernando?
15. ¿Qué tuvo que llamar Fernando?
16. ¿Dónde dejó el coche?
17. ¿Qué dijo el mecánico que necesitaba el coche?
18. ¿Tiene el coche otros problemas?
19. ¿Qué va a hacer el mecánico?
20. ¿Cómo va a ir Fernando a la oficina?

LISTENING AND WRITING ACTIVITIES

A. You will hear a conversation between Mr. Peña and his mechanic concerning repairs to be done to his car. First, listen carefully for general comprehension. Then, as you listen for a second time, fill in the repair chart below.

ARREGLAR	CAMBIAR	LIMPIAR	INSTALAR

B. Dictation

1. _____
2. _____
3. _____
4. _____
5. _____

Name _____

Section _____

Date _____

A. Answer each of the following questions with the first-person plural command.

MODELO: ¿Vamos a almorzar?
Sí, almorcemos ahora.

1. ¿Vamos a comer?

_____

2. ¿Vamos a salir?

_____

3. ¿Vamos a escribirlo?

_____

4. ¿Vamos a sentarnos?

_____

5. ¿Vamos a comprarlos?

_____

6. ¿Vamos a ir?

_____

7. ¿Vamos a visitarla?

_____

8. ¿Vamos a decírselo?

_____

9. ¿Vamos a hacerlo?

_____

10. ¿Vamos a cenar?

_____

B. Answer the following questions affirmatively.

MODELO: ¿Ya habrás terminado la blusa para el lunes?
Sí, ya habré terminado la blusa para el lunes.

1. ¿Ya te habrás levantado para las seis?

   _____

   _____

2. ¿Ya habrá terminado la liquidación para el sábado?

   _____

   _____

3. ¿Ya habrás lavado las verduras para las cuatro?

   _____

   _____

4. ¿Ya se habrá vestido Anita para las siete?

   _____

   _____

5. ¿Ya se habrán despertado los niños para las ocho?

   _____

   _____

6. ¿Ya se habrán terminado las clases para mayo?

   _____

   _____

C.   Complete the chart below.

English	Subject	Conditional **haber**	Past participle
I would have gone.	**Yo**	**habría**	**ido.**
You would have closed.	Tú		
He would have come.			venido.
She would have worked.	Ella		
We would have won.		habríamos	
I would have written down.			anotado.
They would have played.			jugado.
I would have danced.		habría	
You would have opened.	Tú		
He would have written.		habría	
She would have said.	Ella		
We would have eaten.		habríamos	
They would have returned.			

D.   Describe what is happening in the pictures below, using the reciprocal reflexive construction.

1. Ellos _____

_____

_____.

2. Nosotros _____

_____

_____.

3. Uds. _____

_____

_____.

4. Ana y Juan _____

_____

_____.

Querida Ana,

Juan

Querido Juan

Ana

E. **¿Cómo se dice...?** Give the Spanish equivalent of the following exchanges.

1. "Ana, let's go to the movies tonight."
   "No, let's not go to the movies. Let's go to a concert."

   _____

   _____

2. "Anita wanted to buy tickets for the concert."
   "Had I known, I would have bought them for her.

   _____

   _____

3. "I can go the supermarket with you. I'll be home at ten o'clock."
   "By then it will have closed."

   _____

   _____

4. "Do you see each other very often?"
   "No, but we call each other every Sunday."

   _____

   _____

F. **Crucigrama** (covering vocabulary from **Lecciones 15** and **16**)

   HORIZONTAL

1. La grúa va a _____ el coche.
4. llanta
5. opuesta de **lleno**
7. Vimos muchos animales en el _____.
8. El 4 de julio es _____ en los Estados Unidos.
11. batería
14. El policía me dio una _____ porque estaba manejando muy rápido.
15. Le pongo aceite y _____ a la ensalada.

16. Necesito _____ y tomate para la ensalada.
17. La _____ máxima es de 55 millas por hora.
20. fruta cítrica
23. La _____ de mi coche es ASC 438.
25. Pongo las maletas en el _____ del coche.
26. Hago las compras en un _____.
27. Pasan una buena _____ en el cine Rex.

HORIZONTAL

1. Alina y Marcos son _____ casados.
2. Para manejar un coche, necesitas una licencia de _____.
3. estación de servicio
6. Los mapas están en el _____, en mi coche.
9. melocotón
10. No me gusta la _____; prefiero la margarina.

12. Eva le dio una a Adán.
13. Disneylandia es un parque de _____.
18. No funciona; está _____.
19. A Bugs Bunny le gustan mucho las _____.
21. Tengo _____ de ir al cine.
22. Necesitamos papel _____ para el baño.
24. No quiero salmón; no me gusta el _____.

Name _____

Section _____

Date _____

I.   DIALOGUE

A.   The dialogue will be read first without pauses, and then with pauses for student repetition.

Un fin de semana

Hoy es feriado. Oscar y Jorge, dos estudiantes cubanos que viven en Miami, deciden ir al supermercado para hacer las compras de la semana. Por la noche piensan salir con dos chicas: Elsa y Adela. Tienen una cita para ir al cine, pero primero van a cocinar una cena para ellas en su apartamento. El supermercado se abre a las nueve y los muchachos son los primeros en llegar.

OSCAR —Necesitamos mantequilla, leche, una docena de huevos, pan, azúcar...

JORGE —¿No vamos a comprar carne?

OSCAR —Sí, compremos carne, pescado y pollo. También dos latas de frijoles y una de salsa de tomate.

JORGE —De haber sabido que ibas a invitar a las chicas, habría limpiado el apartamento.

OSCAR —Tú siempre te preocupas demasiado. A ver... necesitamos manzanas, uvas, naranjas, melón y peras para la ensalada de frutas...

JORGE —¿Dónde están las verduras? Tenemos que comprar lechuga, tomates, papas, zanahorias y cebollas.

OSCAR —¡Caramba! Esto va a costar una fortuna. Tendremos que ponernos a dieta.

JORGE —Buena idea. Pongámonos a dieta.

La cena estuvo muy buena. Ahora Oscar, Elsa, Jorge y Adela están en el cine, haciendo cola para comprar las entradas.

OSCAR —Dicen que esta película es magnífica.

ADELA —Sí, ganó el premio como la mejor película en el Festival de Cannes.

ELSA —Es un drama, ¿verdad? De haberlo sabido no habría venido. Prefiero las comedias.

JORGE —El próximo sábado podemos ir a ver una película musical.

OSCAR —No, no vayamos al cine otra vez. Vamos a un club a bailar.

ADELA —Tengo ganas de comer algo. ¿Por qué no vamos a la cafetería Versailles cuando termine la película?

JORGE —¿No habrán cerrado para esa hora? Ésta es la última función.

OSCAR —No, esa cafetería se cierra muy tarde.

La película termina a las doce. Los chicos van a la cafetería a comer algo y a charlar un rato. Como el día siguiente es sábado, Oscar y Adela deciden verse otra vez para ir a la playa. Elsa y Jorge se van a encontrar en la biblioteca para estudiar.

B. Comprehension activity

You will now hear questions about the dialogue. Answer each one, omitting the subject. The speaker will confirm your response.

II. PRONUNCIATION

When you hear the number, read the corresponding sentence aloud.

1. Necesitamos mantequilla y una docena de huevos.
2. Tú siempre te preocupas demasiado.
3. Tenemos que comprar zanahorias y cebollas.
4. Dicen que esta película es magnífica.
5. De haberlo sabido, no habría venido.
6. No habrán cerrado para esa hora.
7. Ésta es la última función.
8. Deciden verse otra vez.

III. LET'S PRACTICE!

A. Change each command to the first-person plural. Follow the model.

MODELO: Vamos a jugar.
Juguemos.

B. Respond to each suggestion, using command forms and following the models.

MODELS: —¿Nos sentamos?
—**Sí, sentémonos.**
—¿Le damos el asiento?
—**No, no se lo demos.**

C. Answer each sentence, using the cues.

MODELO: —¿Qué habrá hecho Jorge para las ocho?
—**Para las ocho habrá cenado.**

1. (empezar las clases) 2. (levantarme) 3. (terminar la lección) 4. (limpiar el apartamento)
5. (ir al supermercado)

D. Reply to the following statements with the conditional perfect and the cues.

MODELO: —Ella todavía no alquiló la cabaña. (nosotros)
—**¡Pues nosotros ya la habríamos alquilado!**

1. (mamá) 2. (ellos) 3. (nosotros) 4. (yo) 5. (tú) 6. (Uds.)

MODELO: —Luis no entendió nada. (tú)
—**¡Tú tampoco habrías entendido nada!**

1. (Nosotros) 2. (Yo) 3. (Tú) 4. (Ella) 5. (Uds.) 6. (Ud.)

E. Answer each question affirmatively, omitting all subject pronouns.

IV. LISTENING COMPREHENSION

Before listening to the dialogues in this section, study the comprehension questions below. Reviewing the questions ahead of time will help you remember key information as you listen.

1. ¿Adónde fue anoche Estela?
2. ¿Adónde habría ido Dora?

3. ¿Por qué?
4. ¿Qué comió Estela?
5. ¿Es muy cara la comida en el restaurante Miramar?
6. ¿Adónde quiere ir José esta noche?
7. La película que quiere ver José, ¿es una comedia?
8. ¿Qué prefiere ver Carmen?
9. ¿Qué dice José de la película?
10. ¿Qué quiere ir a ver Carmen el sábado?
11. ¿A qué hora viene José por Carmen?
12. ¿Dónde van a sentarse Silvia y Eva?
13. ¿Qué quiere hacer Eva antes de que venga el mozo?
14. ¿Para qué quiere llamarlo?
15. ¿Por qué le dice Silvia que no lo llame?
16. ¿Qué habría hecho Eva de haber sabido que él iba a trabajar tan temprano?
17. ¿Quiénes se ven todas las tardes?

Listen carefully to each dialogue, and then answer the questions, omitting the subject. The speaker will confirm your response. Repeat the correct answer.

LISTENING AND WRITING ACTIVITIES

A. You will hear a dialogue between two roommates discussing what they are going to buy at the supermarket. First, listen carefully for general information. Then, as you listen for a second time, complete the shopping list below.

Frutas	Verduras	Carnes	Otros
1. _____	1. _____	1. _____	1. _____
2. _____	2. _____	2. _____	2. _____
3. _____	3. _____	3. _____	3. _____
4. _____	4. _____		4. _____
5. _____	5. _____		5. _____

B. Dictation

1. _____
2. _____
3. _____
4. _____
5. _____
6. _____

Check Your Progress
Lecciones 15 y 16

Lección 15

A. Change the verbs in the following sentences to the future.

1. Nosotros lo *vamos a hacer*. _____

2. Yo no me *voy a ir*. _____

3. Él no *va a poder* venir. _____

4. Tú no *vas a venir*. _____

5. Ellos no *van a decir* nada. _____

B. Use your imagination and say what these people would do in the same circumstances.

1. Eva paga cuarenta dólares por esos libros.

   Yo _____.

2. Eva nunca dice nada.

   Nosotros _____.

3. Eva no sabe hacerlo.

   Tú _____.

4. Eva pone su dinero en el banco América.

   Ellos _____.

5. Eva viene en ómnibus.

   Ernesto _____.

6. Eva sale de su casa a las ocho menos cuarto.

   Ud. _____.

C. Give the Spanish equivalent of the following sentences.

1. I wonder what the speed limit is.

   _____

2. I wonder where the gas station is located.

   _____

3. What time do you suppose it was when the newlyweds left?

_____

4. Did the mechanic tell you that you would need a new water pump?

_____

_____

Lección 16

A. Use the first-person plural command to give suggestions (equivalent to *let's + infinitive*), according to each situation.

   1. Tenemos mucho sueño y estamos muy cansados.

   _____

   2. No queremos cenar en casa.

   _____

   3. No queremos decirles nada a nuestros padres.

   _____

   4. No queremos darle el dinero a Carlos; queremos dárselo a Ana.

   _____

   5. Nuestro apartamento está muy sucio.

   _____

B. Using the information provided, say what *will have happened* by tomorrow at six o'clock P.M.

   1. yo / limpiar la casa y planchar la ropa

   _____

   2. Teresa / ir al banco y hacer diligencias

   _____

   3. nosotros / volver de la universidad

   _____

   4. tú / escribir todas las cartas

   _____

   5. nuestros padres / salir para México

   _____

C. Using the information provided, use your imagination to say what these people *would have done*.

   1. Con mil dólares, yo _____.

   2. En el mercado, tú _____.

   3. En la biblioteca, ellos _____.

   4. Para aprender español, nosotros _____

   _____

5. En un restaurante mexicano, José _____

_____.

D. Give the Spanish equivalent of the following sentences.

1. I would have brought six cans of tomato sauce, but I did not stop at the supermarket.

_____

_____

2. By tonight, we will have closed the store.

_____

3. We see each other on Saturdays, but we call each other on the phone every day.

_____

_____

LECCIÓN 17
WORKBOOK ACTIVITIES

Name _____

Section _____

Date _____

A. Answer each question, using the word(s) in parentheses.

MODELO: —¿Sabes si vino Luis? (esperar)
         —**No, pero espero que haya venido**.

1. ¿Sabes si ella se fue? (temer)

   _____

2. ¿Sabes si los chicos se levantaron? (ojalá)

   _____

3. ¿Sabes si Marta trajo las sábanas? (no creer)

   _____

4. ¿Sabes si Mario y Elena le dieron las toallas? (dudar)

   _____

5. ¿Sabes si consiguieron el puesto? (esperar)

   _____

6. ¿Sabes si los chicos rompieron la ventana? (temer)

   _____

7. ¿Sabes si Marta puso el dinero en el banco? (ojalá)

   _____

8. ¿Sabes si José volvió? (dudar)

   _____

B. Write the correct form of the imperfect subjunctive for each of the following verbs.

1. **comer**: yo   _____

2. **salir**: nosotros   _____

3. **ser**: tú   _____

4. **poder**: Juan   _____

5. **traer**: Elena y Rosa   _____

6. **andar**: Luis y yo   _____

7. **poner**: Ud. _____

8. **dar**: yo _____

9. **dormir**: tú _____

10. **servir**: el mozo _____

11. **decir**: el dentista _____

12. **venir**: los ayudantes _____

13. **tener**: tú y yo _____

14. **hacer**: los muchachos _____

15. **ir**: tú y él _____

C.   Answer the following questions, using the cues. Follow the model.

MODELO: —¿Qué te pidió Rosa que hicieras? (ir a la tienda)
          —**Me pidió que fuera a la tienda**.

1. ¿Qué te sugirió Antonio que hicieras? (tomar química)

   _____

2. ¿Qué les sugirió el profesor a Uds.? (hablar con el consejero)

   _____

3. ¿Qué temían ellos? (nosotros / no venir)

   _____

4. ¿Qué te aconsejó el consejero? (pedir una beca)

   _____

5. ¿Qué tipo de casa buscaban ustedes? (una casa / tener piscina)

   _____

6. ¿Qué esperaban tus padres? (yo / poder asistir a la universidad)

   _____

7. ¿Qué querías tú que yo hiciera? (traerme un diccionario)

   _____

8. ¿Qué querían Uds. que yo hiciera? (llevarnos / al partido de fútbol)

   _____

D. Complete the chart below, paying particular attention to the use of the pluperfect subjunctive.

English	Verbs that require the subjunctive	que	Subject of subordinate clause	Imperfect subjunctive of *baber*	Past participle
I didn't think they had come.	**No creí**	que	ellos	hubieran	venido.
She was sorry you had gone.	Lamentaba		tú		
We were hoping you had finished.	Esperábamos		Uds.		
He doubted that she had died.					muerto.
You were afraid that she had gotten married.				se hubiera	
They denied that she had returned.	Negaron				
I didn't think you had gone out.			tú		
We were sorry you had left.			Uds.		
I hoped she had learned.					
I didn't think Rose had undressed.	No creí				
I was glad that they had started.	Me alegré de				
You didn't think we had eaten.					

E. **¿Cómo se dice...?** Give the Spanish equivalent of the following exchanges.

1. "Do you have to talk with your lawyer, Miss Soto?"
   "Yes, I hope he has arrived. I asked him to come at ten."

   _____

   _____

2. "My brother suggested that I study business administration."
   "My father wanted me to be a journalist."

   _____

   _____

3. "I was sorry that they didn't have enough money to pay tuition."
   "Maybe they got a scholarship . . ."

   _____

   _____

4. "I don't think she has passed the exam."
   "I told her to study . . ."

   _____

   _____

F. Unscramble the following words to form sentences.

1. lástima / física / en / haya / una / es / matriculado / no / que / clase / de / se / la

   _____

   _____

2. periodismo / mis / yo / a / estudiara / que / les / padres / gustaría

   _____

Name _____

Section _____

Date _____

I. DIALOGUE

A. The dialogue will be read first without pauses, and then with pauses for student repetition.

Dos estudiantes conversan

Alina y Daniel son dos jóvenes latinoamericanos que están estudiando en la Universidad de California en Los Ángeles. Alina es cubana y Daniel es argentino. Los dos están tomando una clase de administración de empresas.

ALINA —Es una lástima que no te hayas matriculado en la clase de sociología de la doctora Parker. Siempre tenemos unas discusiones muy interesantes.

DANIEL —Mi consejero me sugirió que la tomara, pero yo quería tomar una clase de física o de química a esa hora.

ALINA —¡Ah sí...! A ti te gustan las ciencias... Pero dime, ¿cuál es tu especialización?

DANIEL —Todavía no lo sé. Mi padre quería que fuera abogado, como él, pero yo asistí a la Facultad de Derecho en Buenos Aires y no me gustó.

ALINA —Yo tampoco seguí los consejos de mi papá. A él le gustaría que yo estudiara ingeniería, pero yo decidí estudiar periodismo.

DANIEL —¿Qué otras asignaturas estás tomando? ¿Estás tomando algunos requisitos?

ALINA —¡Qué va! Este semestre solamente estoy tomando materias que me gustan... ¡incluyendo una clase de danza aeróbica!

DANIEL —(*Bromeando*) Claro, eso es muy importante para una periodista.

ALINA —Pues chico, es necesario hacer ejercicio, y habría sido una buena idea que tú también la hubieras tomado.

DANIEL —Es verdad. Che, Alina, hay un partido de fútbol esta noche en el estadio universitario. ¿Quieres ir conmigo?

ALINA —No, lo siento pero esta noche tengo que ir a la biblioteca para hacer la tarea de literatura y estudiar para el examen de sicología que, según la profesora, será muy difícil.

DANIEL —¡No es necesario preocuparse tanto por las notas!

ALINA —Es que yo tengo una beca y necesito mantener un buen promedio.

DANIEL —¡Ah! Yo quería que fueras al partido conmigo pero ahora que me acuerdo tengo un examen parcial en mi clase de matemáticas.

ALINA —Supongo que tendré que prestarte mi calculadora, como siempre.

DANIEL —Gracias, flaca. Me voy porque David quería que lo ayudara con su tarea de biología y ya es tarde. ¡Chau!

ALINA —Adiós, Daniel. Buena suerte en el examen.

B.   Comprehension activity

You will now hear questions about the dialogue. Answer each one, omitting the subject. The speaker will confirm your response.

II.   PRONUNCIATION

When you hear the number, read the corresponding sentence aloud.

1. Tomo una clase de administración de empresas.
2. Tenemos unas discusiones muy interesantes.
3. Quería tomar una clase de química o de física.
4. ¿Cuál es tu especialización?
5. Le gustaría que yo estudiara ingeniería.
6. ¿Qué otras asignaturas estás tomando?
7. Estoy tomando danza aeróbica.
8. Es necesario hacer ejercicio.
9. Tengo que hacer la tarea de literatura.
10. Tengo un examen parcial en mi clase de matemáticas.

III.   LET'S PRACTICE!

A.   Deny the statements made by the speaker, using the expression, **No es verdad**. Follow the model.

MODELO: Ana ha traído los sellos.
   No es verdad que Ana haya traído los sellos.

B.   You will hear statements about what Antonio wants everybody to do. Change each statement, telling what he *wanted* everybody to do.

MODELO: Antonio *quiere* que yo *tome* la clase.
   Antonio *quería* que yo *tomara* la clase.

C.   Change the statements, using the cues provided and the pluperfect subjunctive.

MODELO: Teresa ya había limpiado el baño. (Mamá esperaba...)
   Mamá esperaba que Teresa ya hubiera limpiado el baño.

IV.   LISTENING COMPREHENSION

Before listening to the dialogues in this section, study the comprehension questions below. Reviewing the questions ahead of time will help you remember key information as you listen.

1. ¿Con quién habló Susana?
2. ¿Cuándo habló con él?
3. ¿Qué le dijo el consejero que tomara?
4. ¿Qué clases va a tomar Susana?
5. ¿Qué profesión le gustaría a Susana?
6. ¿Qué estudia Carlos?
7. ¿Qué quería ser el papá de Anita cuando era chico?
8. ¿Le habría gustado a su mamá que él hubiera estudiado medicina?
9. ¿Cuándo decidió ser profesor de francés?
10. ¿Cuándo fue a París?
11. ¿Dónde había estudiado francés antes?
12. ¿Qué otra asignatura le gustaba cuando estaba en la escuela secundaria?
13. ¿Qué quería su profesor de literatura que él hiciera?
14. ¿Cuándo piensa escribir un libro?

Listen carefully to each dialogue and then answer the questions, omitting the subject. The speaker will confirm your response. Repeat the correct answer.

V. LISTENING AND WRITING ACTIVITIES

A. You will hear a conversation between Miss Mendoza and her counselor. First, listen carefully for general comprehension. Then, as you listen for a second time, complete the class schedule below.

Horario de clases

Sr.
Sra. _____
Srta.

Hora	lunes	martes	miércoles	jueves	viernes	sábado
8:00						
9:00						
10:00						
11:00						
12:00						
1:00						
2:00						
3:00						
4:00						
5:00						

B. Dictation

1. _____

2. _____

3. _____

4. _____

5. _____

Name _____

Section _____

Date _____

A. Referring to the pictures below, tell what these people would do if circumstances were different.

MODELO:

Yo no tengo dinero.

Si _____.

Si yo tuviera dinero, viajaría.

1. Roberto no tiene tiempo.

Si _____.

2. Elsa no está de vacaciones.

Si _____.

3. Ellos no tienen hambre.

Si _____.

4. Nosotros no podemos estudiar juntos.

Si _____.

5. Tú tienes que trabajar.

Si no _____.

6. Uds. no van a la fiesta.

Si _____.

7. Hoy es sábado.

Si no _____.

B. Using the pictures as a guide, tell what these people will do if circumstances allow or require.

MODELO:

No sé si tendré dinero o no.

Si _____.

Si tengo dinero, voy a viajar.

1. Yolanda y yo no sabemos si el coche está descompuesto o no.

Si _____.

2. No sé si ellas quieren hamburguesas o no.

Si _____.

3. No sé si Laura está enferma o no.

Si _____.

4. No sé si tú tienes el periódico o no.

Si _____.

5. No saben si el autobús pasa por aquí o no.

Si _____.

C. Summary of the uses of the subjunctive

Complete the following sentences with the subjunctive if there is a change of subject or with the infinitive if there is no change of subject.

1. Yo quiero (solicitar) _____ el trabajo.

   Yo quiero que tú (solicitar) _____ el trabajo.

2. Tú deseas (comprar) _____ los pasajes.

   Tú deseas que yo (comprar) _____ los pasajes.

3. Ellos prefieren que nosotros (reservar) _____ literas.

   Ellos prefieren (reservar) _____ literas.

4. Es necesario (conseguir) _____ una tarifa especial.

   Es necesario que ellos (conseguir) _____ una tarifa especial.

5. Me alegro de que ustedes (estar) _____ aquí.

   Me alegro de (estar) _____ aquí.

6. Era importante (llegar) _____ temprano.

   Era importante que nosotros (llegar) _____ temprano.

7. Convenía (hacer) _____ el trabajo pronto.

   Convenía que él (hacer) _____ el trabajo pronto.

8. Siento que tú (tener) _____ que irte.

   Siento (tener) _____ que irme.

In the following sentences, use the subjunctive when referring to someone or something that is indefinite, unspecified, or nonexistent; use the indicative when referring to a specific person or thing.

1. Necesito una secretaria que (hablar) _____ francés.

   Tengo _____.

2. Conozco a dos chicas que (enseñar) _____ matemáticas.

   No conozco a nadie que _____.

3. ¿Dónde hay un restaurante que (servir)_____ comida italiana?

   Hay un restaurante en la Quinta Avenida que _____.

4. Quiero un empleado que (poder) _____ hacer ese trabajo.

   Tenemos _____.

5. ¿Conoces a alguien que (ser) _____ francés?

He conocido a un muchacho que _____.

Use the subjunctive in the sentences below if the action is pending; use the indicative if the action has been completed, is presently occurring, or usually occurs.

1. Voy a ayudarte hasta que (terminar) _____ el trabajo.

   Te ayudé hasta que (terminar) _____ el trabajo.

2. Siempre pongo un anuncio cuando (necesitar) _____ un empleado.

   Pondré un anuncio cuando (necesitar) _____ un empleado.

3. Solicitaré trabajo cuando yo (terminar) _____ las clases.

   Siempre solicito trabajo cuando yo (terminar) _____ las clases.

4. Se lo diré en cuanto ellos (llegar) _____.

   Se lo dije en cuanto ellos (llegar) _____.

Complete each sentence with the subjunctive after verbs and expressions of doubt or uncertainty, and the indicative when expressing certainty.

1. Dudo que ellos (querer) _____ trabajar en esa ciudad.

   No dudo _____.

2. No estoy seguro de que él (tener) _____ un coche automático.

   Estoy seguro _____.

3. Es probable que nosotros (salir) _____ el sábado.

   Es seguro _____.

4. Fuimos al cine aunque (llover) _____ mucho.

   Mañana iremos al cine aunque _____.

In the following sentences, use the subjunctive when the main clause denies what the subordinate clause expresses, and use the indicative when it does not.

1. No es verdad que yo le (haber dado) _____ un abrazo.

   Es verdad _____.

2. Niego que nosotros (haber dicho) _____ eso.

   No niego _____.

D. Prepare an envelope

Ud. va a escribir una carta solicitando trabajo en la compañía Gómez y Hnos. (Hermanos), que queda en la calle Libertad número 480. La carta va dirigida a David Martínez, que es el jefe de personal. La compañía tiene sus oficinas en la ciudad de Buenos Aires. Con esta información, escriba el sobre para su carta.

E. Write a postcard

Ud. está de vacaciones en la playa en México. Escríbale una tarjeta postal a un amigo, contándole cómo le va.

F. **¿Cómo se dice...?** Give the Spanish equivalent of the following exchanges.

1. "She went to the store and bought two dresses, a pair of shoes, and a purse. She spent four hundred dollars!"
   "Yes. Sometimes she spends money as if she were a millionaire."

   _____

   _____

   _____

2. "What did Marta tell you to do?"
   "She told me to rent a car with standard shift."

   _____

   _____

3. "I couldn't sleep at all last night."
   "If you had reserved a berth, you would have slept well."

   _____

   _____

G. Crucigrama (covering vocabulary from **Lecciones 17 and 18**)

HORIZONTAL

3. billete
6. en la estación, lugar donde tomamos el tren
9. No tengo que pagar la matrícula porque tengo una _____.
10. Si vamos a viajar de noche, debemos _____ litera.
11. ciudad en el sur de España
12. Los coches mecánicos _____ menos gasolina.
13. Sale todos los días; es un tren _____.
16. Tenemos que cambiar de tren. Tenemos que _____.
18. Me dan un _____ del 20% en el pasaje.
19. dinero que pagamos para asistir a la universidad
20. cambio
23. Necesito saber las horas de _____ y llegada del tren.
24. Para poder dormir en el tren necesito reservar una _____.
25. El viaje no es directo. Tenemos que hacer _____ en Chile.
28. No podemos comer en el tren porque no tiene coche _____.
29. Necesito _____ un promedio de «B».
30. Tengo mi coche _____ con State Farm.
33. Ellos estudian en la _____ de Educación.
34. ¿Por cuánto tiempo es _____ el pasaje?
35. Para ser _____ necesita estudiar derecho.

VERTICAL

1. Voy a la clase de danza _____.
2. Hay dos _____ en un año.
4. Soy extranjera y necesito un _____ especial para manejar aquí.
5. asignatura
7. Mi _____ en la clase de español es una «A».
8. opuesto de **sur**
10. expreso
12. Mis maletas están en la sala de _____.
14. Necesitamos un _____ para saber la hora de salida del tren.
15. Mañana vamos a ver un _____ de fútbol.
17. Tiene quince años y estudia en la escuela _____.
21. opuesto de **oeste**
22. No sé lo que quiere decir esta _____; la voy a buscar en el diccionario.
23. comprar pasaje: _____ pasaje
26. Ella estudia _____ de empresas.
27. Como _____ estudiamos en la biblioteca.
31. Los pasajes de ida y vuelta tienen una _____ especial.
32. Mi coche es de _____ mecánicos.

Name _____

Section _____

Date _____

I. DIALOGUE

A. The dialogue will be read first without pauses, and then with pauses for student repetition.

De viaje a Sevilla

Alicia y Rosa han decidido viajar por el sur de España. Ahora están en el despacho de billetes en la estación de trenes de Barcelona.

En la ventanilla número dos:

ALICIA	—Por favor, señor, ¿me podría decir cuándo hay trenes para Sevilla?
EMPLEADO	—Hay dos trenes diarios: uno por la mañana y otro por la noche. El tren de la noche es el expreso.
ALICIA	—(*A Rosa*) Si quieres, sacamos pasajes para el expreso.
ROSA	—Bueno, pero entonces es mejor que reservemos literas.
ALICIA	—(*Al empleado*) ¿Tiene coche-cama el tren?
EMPLEADO	—Sí, señorita. Tiene coche-cama y coche-comedor.
ROSA	—Queremos dos literas, una alta y una baja.
EMPLEADO	—Dudo que haya literas bajas. En verano viaja mucha gente.
ALICIA	—¡Caramba! Si lo hubiéramos sabido, habríamos hecho la reserva antes.
EMPLEADO	—¿Quieren billetes sólo de ida o de ida y vuelta? El pasaje de ida y vuelta tiene una tarifa especial. Damos el veinte por ciento de descuento.
ROSA	—¿Por cuánto tiempo es válido el billete de ida y vuelta?
EMPLEADO	—Por seis meses, señorita.
ROSA	—Bueno, deme dos pasajes de ida y vuelta para el sábado. ¿Puede darme un itinerario?
EMPLEADO	—Sí, un momento. Aquí tiene los billetes y el cambio.
ALICIA	—(*A Rosa*) Espero que no tengamos que trasbordar.

El día del viaje, Alicia y Rosa llegan a la estación y van al andén número cuatro, de donde sale el tren. Después de un largo viaje, llegan a Sevilla y deciden alquilar un coche.

ROSA	—(*Al empleado de la agencia*) Queremos alquilar un coche compacto de dos puertas. ¿Cobran ustedes por kilómetro?
EMPLEADO	—Depende. Si lo alquila por día, sí; si lo alquila por semana, no.
ROSA	—Necesitamos el coche por una semana. Queremos uno de cambios mecánicos.
EMPLEADO	—Dudo que tengamos coches de cambios mecánicos. Ahora sólo tenemos automáticos.
ROSA	—Es una lástima que no tengan coches mecánicos. Gastan menos gasolina.
ALICIA	—(*Al empleado*) Queremos sacar seguro. Siempre es mejor estar asegurado.
EMPLEADO	—Muy bien. Llene esta planilla.

ROSA	—Nosotras somos ciudadanas chilenas. ¿Necesitamos un permiso especial para manejar en España?
EMPLEADO	—No, no es necesario.
ROSA	—(*A Alicia*) Vamos a comer algo. Estoy muerta de hambre.
ALICIA	—¿Otra vez? ¡Hablas como si no hubieras desayunado!
ROSA	—Bueno, entonces esperaré hasta que sirvan el almuerzo en el hotel.

Después de unos días en Sevilla, Rosa les manda a sus padres una tarjeta postal.

```
Sevilla 5/7/90

Queridos padres:

Sevilla es una ciudad
encantadora. Ojalá
estuvieran Uds. con
nosotras. Si pudiera, me
quedaría a vivir aquí.
Mañana salimos para el
norte donde visitaremos
Galicia y Asturias. Los
extraño mucho.
Un abrazo,
                Rosa
```

Sr. Javier Villas

C/ San Martín 489

Santiago

Chile

B. Comprehension activity

You will now hear questions about the dialogue. Answer each one, omitting the subject. The speaker will confirm your response.

II. PRONUNCIATION

When you hear the number, read the corresponding sentence aloud.

1. Sacamos pasajes para el expreso.
2. En verano viaja mucha gente.
3. Puede darme un itinerario.
4. Después de un largo viaje llegan a Sevilla.
5. Nosotras somos ciudadanas chilenas.
6. Hablas como si no hubieras desayunado.
7. ¿Por cuánto tiempo es válido el boleto?

III. LET'S PRACTICE!

A. The speaker will ask why you don't do certain things. Using the cues provided, say what you would do if things were different. Follow the model.

MODELO: —¿Por qué no compras el coche? (tener dinero)
   —Lo compraría si tuviera dinero.

B. You will hear a series of incomplete sentences that express what *would* have happened. Using the cue provided, complete each one with an "*if*" clause. Follow the model.

MODELO: Yo habría venido. (tener tiempo)
   Yo habría venido si hubiera tenido tiempo.

1. (tener dinero)   2. (poder)   3. (tú ayudarme)   4. (ser necesario)   5. (ellos)
6. (el tren parar allí)

C. Answer the following questions using the subjunctive or the indicative as necessary and the cues.

1. (a Sevilla)   2. (sí)   3. (no)   4. (sí)   5. (sí)   6. (alquilar un coche)   7. (no)   8. (dudo)
9. (sí)   10. (sí)   11. (sí)   12. (sí)   13. (sí)   14. (sí, a un chico)   15. (no)

IV. LISTENING COMPREHENSION

Before listening to the dialogues in this section, study the comprehension questions below. Reviewing the questions ahead of time will help you remember key information as you listen.

1. ¿Adónde van Nora y David?
2. ¿En qué ciudad hace escala el avión?
3. ¿Qué quiere hacer David?
4. ¿Nora quiere quedarse también?
5. ¿Qué quiere alquilar Nora?
6. ¿Por cuánto tiempo cree Nora que es válido el pasaje?
7. ¿Qué quiere hacer Olga cuando lleguen a la frontera?
8. ¿Para qué quiere bajarse?
9. ¿El tren estará en la estación por mucho tiempo?
10. ¿Por qué pueden Olga y Mario comer en el tren?
11. ¿Qué piensa Olga de la comida en los trenes?
12. Según Olga, ¿van a gastar más o menos dinero si comen en el tren?
13. ¿Dónde quiere dejar Graciela las maletas?
14. ¿Por qué quiere alquilar Alberto un coche de cambios mecánicos?
15. ¿Por qué no quiere Graciela un coche de cambios mecánicos?
16. ¿Van a sacar seguro para el coche?
17. ¿Por qué dice Alberto que es mejor que el coche esté asegurado?

Listen carefully to each dialogue and then answer the questions, omitting the subject. The speaker will confirm your response. Repeat the correct answer.

V. LISTENING AND WRITING ACTIVITIES

A. You will hear a conversation between a woman and an employee at a car rental agency. First, listen carefully for general comprehension. Then, as you listen for a second time, fill in the form below.

AGENCIA LA FAVORITA

Nombre _____

Coche _____

Automático ☐   De cambios mecánicos ☐

Grande ☐   Compacto ☐

De dos puertas ☐   De cuatro puertas ☐

Alquilado por _____

Kilómetros   Sí ☐   No ☐

Lugar de entrega _____

Reservado para el _____ del mes de _____

Costo _____

B. Dictation

1. _____

2. _____

3. _____

4. _____

5. _____

Check Your Progress
Lecciones 17 y 18

Lección 17

A. Give the Spanish equivalent of the following sentences.

1. I hope that you have bought the calculator.

   _____

2. I don't think she has earned more than a thousand dollars.

   _____

B. Complete the following sentences, using the correct form of the verbs in parentheses.

1. Ellos querían que yo _____ (estudiar) sicología.

2. Temíamos que Ud. no _____ (tener) dinero.

3. No creían que yo _____ (ir) a la biblioteca hoy.

4. El consejero nos dijo que _____ (tomar) los requisitos ahora.

5. Es una lástima que Elsa no _____ (venir) ayer.

6. El profesor esperaba que nosotros _____ (saberlo) todo.

C. Give the Spanish equivalent of the following sentences.

1. I was sorry that you had been sick.

   _____

2. It was a pity that they had left.

   _____

Lección 18

A. Complete the following sentences with the present indicative, the imperfect subjunctive, or the pluperfect subjunctive, as needed.

1. Iré a verte si _____ (tener) tiempo.

2. Le habrían dado el trabajo si ella _____ (saber) español.

3. Si yo _____ (poder), iría.

4. Si él me _____ (invitar) a salir, aceptaría.

5. Le daría el dinero si ella me lo _____ (pedir).

6. Yo habría solicitado el trabajo si _____ (leer) el anuncio.

7. Raquel habla como si lo _____ (saber) todo.

8. Si yo _____ (ser) tú, no la invitaría a la fiesta.

B.   Change each sentence according to the new cue.

1. Yo quería ir al partido de fútbol.

   Mamá quería que _____.

2. Ellos hablaron con él.

   Yo esperaba que ellos _____.

3. Lo hemos visto.

   No creen que _____.

4. Teresa había vuelto.

   Me alegré mucho de que Teresa _____.

5. Ayer la llamé en cuanto llegué.

   Mañana la llamaré _____.

6. Siento que estés enferma.

   _____ ayer.

7. Ana le dio el dinero a Eva.

   Ellos dudaban que Ana _____.

8. Tú se lo dices a María.

   Me gustaría que tú _____.

9. Le pido que vuelva.

   Le pedí _____.

10. Aquí hay muchas personas que saben ruso.

    Aquí no hay nadie _____.

11. Puedo trabajar aquí porque hablo inglés.

    Podría trabajar aquí si _____.

12. Fuimos a la fiesta aunque llovió.

    Vamos a ir a la fiesta _____.

REPASO
LECCIONES 10 - 18

The speaker will ask you some questions. Answer each one, using the cues.

1. (California)
2. (a la playa)
3. (a la montaña)
4. (sí)
5. (dos años)
6. (en septiembre)
7. (no)
8. (periodismo)
9. (ciencias)
10. (matemáticas)
11. (no)
12. (una «B»)
13. (ir de vacaciones)
14. (España)
15. (sí)
16. (a las nueve)
17. (sí, mi pasaporte)
18. (sí)
19. (México)
20. (un apartamento)

21. (sí)
22. (sí)
23. (no)
24. (sí)
25. (no)
26. (sí)
27. (sí)
28. (ocho)
29. (sí)
30. (un coche)
31. (un Mercedes)
32. (30.000 dólares)
33. (los frenos)
34. (sí)
35. (julio)
36. (sí)
37. (pescado y ensalada)
38. (manzanas y peras)
39. (sí)
40. (una comedia)

Answer Keys

ANSWERS TO WORKBOOK EXERCISES

Pasos 1–3

A. 1. Buenos días   2. gracias / nada   3. ¿Cómo te llamas? (¿Cómo se llama Ud.?)   4. mañana   5. Mucho gusto   6. día es hoy / Hoy es   7. estás (está usted) / No muy   8. ¿Cuál es tu (su) número de teléfono?   9. quiere decir / Quiere decir   10. se dice / me llamo   11. permiso / asiento   12. ¿Qué hora es?   13. ¿Cuál es tu (su) dirección? / número   14. vista / saludos   15. hay / Hay

B. 1. seis, ocho, diez, doce, catorce   2. nueve, doce, quince   3. doce, dieciséis, veinte, veinticuatro   4. diez, quince, veinte

C. lunes / martes / miércoles/ jueves / viernes / sábado / domingo

D. 1. verde   2. gris   3. rosado   4. anaranjado

E. 1. los relojes   2. la silla   3. la ventana   4. los cuadernos   5. el borrador   6. la puerta   7. la tiza   8. el alumno   9. la pizarra   10. los lápices   11. los libros   12. la profesora   13. la pluma   14. el escritorio   15. el mapa

F. 1. Son las siete – –.   2. Son – seis y veinte.   3. Es la una y –.   4. Son las – menos cinco.   5. Son las dos – cuarto.   6. Son las – menos veinticinco.   7. – las nueve.

Lección 1

A. 1. yo   2. tú   3. nosotros   4. nosotras   5. él   6. ellos   7. ella   8. usted   9. ustedes   10. ellas

B. 1. nosotros   2. tú   3. ustedes   4. yo   5. ella

C. 1. necesitan   2. desean   3. hablamos   4. llamo   5. trabajas   6. estudia

D. 1. los   2. la   3. los   4. los   5. el   6. los   7. las   8. la   9. el   10. los   11. la   12. la   13. los   14. las   15. la   16. la   17. la   18. las   19. la   20. los

E. 1. ¿Trabaja ella en el hospital? / Ella no trabaja en el hospital.   2. ¿Hablan español los estudiantes? / Los estudiantes no hablan español   3. ¿Ellos necesitan estudiar la Lección dos? / Ellos no necesitan estudiar la Lección dos.

F. somos / es / soy / eres / soy / son / son

G. 1. ciento diez   2. ochocientos cuarenta y cinco   3. quinientos catorce   4. setecientos sesenta   5. doscientos ochenta y tres   6. seiscientos setenta y dos   7. novecientos cincuenta y siete   8. mil   9. mil trescientos noventa y uno   10. tres mil cuatrocientos setenta y nueve

H. 1. (*Al teléfono*) /–Hola. ¿Está Ana? /– Sí. Un momento, por favor.
2. –¡Hola! ¿Qué tal? /–Más o menos... /– ¿Por qué? /–Problemas sentimentales...y problemas económicos.../–¿Necesitas dinero? /–¡Sí!
3. –¿ A qué hora regresa Ana? /–A las diez y media. /–Entonces llamo más tarde.

I. 1. Los profesores necesitan mucho dinero.
2. María no trabaja en el hospital.
3. ¿Deseas hablar con Pedro o con María?

Lección 2

A. 1. Los hijos de la señora Gómez estudian español.   2. Yo necesito el libro de Ana.   3. Los hijos de Rosa regresan más tarde.   4. Los estudiantes de la profesora Soto trabajan en la cafetería.   5. El esposo de Raquel desea hablar con los hijos de Rosa.

B. 1. Los – mexicanos – –.   2. –el–rojo.   3. El – español – – –.   4. Los – – azules.   5. La – blanca – –.   6. Las – inglesas – – –.   7. La – – – – mexicana.   8. – las – blancas.

C. 1. nuestra   2. sus / los – – ella   3. tu   4. nuestros   5. su / el – – ellos   6. mis   7. su / – el – – ustedes   8. su / la – – usted

D. 1. –, comes, come, –, comen   2. creo, –, cree, creemos, –   3. bebo, bebes, bebe, bebemos, beben   4. escribo, –, escribe, –, escriben   5. –, recibes, –, recibimos, –   6. decido, decides, decide, decidimos, deciden

223

E. 1. tenemos   2. vengo   3. vienen
4. Tienes   5. Viene   6. tengo   7. Tienes
8. venimos   9. Vienes   10. tiene

F. 1. Ellos tienen que venir por la tarde.   2. ¿Tú tienes que llenar la solicitud de trabajo?
3. Ella no tiene que hablar japonés.   4. Yo tengo que estudiar esta noche.   5. Nosotros no tenemos que escribir en francés.

G. 1. −¿Todas tus clases son por la mañana? / −Sí, tengo la tarde libre. / −¿Son muy difíciles tus clases? / −No, son fáciles.
2. −¿Lugar de nacimiento? / −Estados Unidos. / −¿Edad? / −Treinta (años). / −¿Estado civil? / −Soy viuda. / −¿Profesión? / −Profesora.
3. −¿Tengo que llenar la solicitud? / −Sí, por favor.
4. −¿Cómo se llama usted? / −Me llamo Rosa. / −¿Es usted soltera...divorciada...? / −Soy casada, señor. / −¿Cuántos hijos tiene?− Tengo cinco hijos.

H. 1. Nombre y apellido   2. Fecha de nacimiento   3. Edad   4. Estado civil
5. Dirección (Domicilio)   6. Número de teléfono   7. Nacionalidad   8. Profesión

I. CRUCIGRAMA
Horizontal: 3. cafetería   7. cerca
9. nombre   12. nacimiento   15. solicito
16. ocupación   17. dinero   20. apellido
23. nuevo   24. periódico   27. soltera
29. bocadillo   30. alemán   31. alto
Vertical: 1. regresar   2. jamón   4. también
5. trabajo   6. teléfono   8. beber
10. entonces   11. muchacho   13. clase
14. momento   18. español   19. tiempo
21. bebemos   22. fácil   25. tengo
26. mandan   28. para

Lección 3

A. 1. −¿Quieres un refresco, Anita? / −No, gracias. No tengo sed...tengo mucha hambre...
2. −¿Tiene Ud. prisa, señor Vega? / −Sí, siempre tengo prisa.
3. −¿Tienes frío, Paquito? / −¡No, tengo calor!
4. −¿Cuántos años tienes? / − Tengo siete años.
5. −¿Tienes sueño, Anita? / −Sí, tengo mucho sueño.

B. 1. a las / al / a los / a la

2. a la / al / las / a la / a las / el / a los
3. del / de la / de los / de las

C. 1. voy / doy / estoy   2. vas / das / estás   3. va / da / está   4. vamos / damos / estamos
5. van / dan / están

D. 1. voy a invitar   2. van a brindar   3. vas a traer   4. va a empezar   5. vamos a ir   6. va a dar

E. 1. −, −, prefieren   2. yo, entender, −   3. −, −, quieren   4. nosotros, cerrar,−   5.−,−, pierde   6. tú, empezar, −   7. −, −, piensa
8. nosotros, comenzar, −

F. 1. −¿Dónde están tus (sus) amigos(-as)? / −Están en el club.
2. −¿Tiene Ud. prisa, señorita Peña? / −Sí, tengo que ir al hospital.
3.− ¿Va(s) a llevar a las chicas (muchachas) a la fiesta de Navidad? / −Sí, ¿a qué hora comienza (empieza)?
4. −¿Tienes sueño, Pablo? / −No, pero estoy muy cansado.

G. 1. El amigo del señor Vélez es uruguayo.
2. Tengo que llevar a las hermanas de Pedro al club.   3. ¿A quién llevas a la fiesta de fin de año?

Lección 4

A. 1. baila / más baja (delgada) / más alto (gordo)
2. hablan / más bajo   3. más simpático / muchacho más simpático   4. más delgado
5. toman (beben) / más bonita / más fea / más bonita

B. 1. menor / mayor   2. peor / mejor   3. peor / mejor   4. más / menos   5. más grande / más pequeño

C. 1. invierno   2. verano   3. primavera
4. invierno   5. otoño   6. verano
7. primavera   8. otoño

D. 1. −, −, puedo   2. nosotros, volver, −
3.−, −, almuerzan   4. tú , encontrar,−
5. −, −, duerme   6. yo, volar, −   7. −, −, recuerdan   8. nosotros, poder, −   9. −, −, cuesta

E. 1. Hace frío y hace viento.   2. Hace sol y hace calor.   3. Nieva y hace frío.   4. Llueve. (Está lloviendo.)

F. 1. –¿Puede(s) ir al museo este fin de semana? / –Yo no puedo. Tengo que trabajar, pero David puede ir. / –¿Cuál es su número de teléfono (el número de teléfono de él)? / –No recuerdo.
2. –Tu tío es muy guapo. / –Sí, pero tiene novia. / –¿Es más bonita que yo? / – Sí, pero tú eres más inteligente.
3. –¿Tú eres menor que tu hermano? / –No, yo soy dos años mayor que él.
4. –Tú eres la chica (muchacha) más bonita del mundo. / –Gracias.

G. CRUCIGRAMA
Horizontal: 2. España   3. tío   5. extrañan
7. pintura   9. tercero   12. pensión
13. medianoche   16. uruguayo(-a)
17. orquesta   19. bebidas   21. queremos
22. magnífico   23. sobrina   24. almorzar
26. pequeño
Vertical: 1. mayor   2. estatura   4. verano
6. nunca   8. asistir   10. comenzamos
11. cumpleaños   12. prefieren
14. autobús   15. refresco   18. abuela
25. alto

Lección 5

A. 1. –, sirvo, sirves, sirve, servimos, sirven
2. pedir, –, pides, pide, pedimos, piden
3. decir, digo, –, dice, decimos, dicen
4. seguir, sigo, sigues, –, seguimos, siguen
5. conseguir, consigo, consigues, consigue, conseguimos, –

B. 1. mí / ellos / Ud. / ti / nosotros
2. nosotros / ti / mí / él / Uds.
3. ellas / (con)tigo / nosotros / (con)migo / ella

C. Elena nunca va a San Francisco. Allí nunca compra nada porque no tiene mucho dinero. Su esposo no va tampoco. Ellos no quieren visitar a la familia de Elena nunca. Ninguno de sus amigos los visita los domingos, y Elena no sirve (ni) vino ni refrescos. Elena no es muy simpática y su esposo no es muy simpático tampoco.

D. 1. – está comiendo un sándwich (bocadillo).
2. – está leyendo un libro.   3. – están bailando.   4. – estás sirviendo– – .
5. – estoy escribiendo – –.

E. 1. me   2. lo   3. los   4. las   5. las   6. lo
7. te   8. nos   9. las   10. la

F. 1. –¿Compra(s) algo cuando viaja(s)? / –No, yo nunca compro nada. / –Yo nunca compro nada tampoco.
2. – ¿Qué está diciendo Isabel? / – No está diciendo nada. Está durmiendo.
3. –¿Necesitas las llaves, Anita? / –Sí, las necesito. ¿Puede(s) traerlas esta noche, por favor?
4. –Quiero un cuarto (una habitación) con vista a la calle. / –Tengo una que está libre. / –Bien. ¿Tengo que firmar el registro? / –Sí, tiene que firmarlo.
5. –¿A qué hora sirven el desayuno? / –El desayuno es a las ocho, el almuerzo es a las dos y la cena es a las nueve.

G. 1. Necesito una habitación sencilla con baño privado.
2. En la pensión aceptan tarjetas de crédito y cheques de viajero.
3. En el aeropuerto venden objetos de oro y de plata y Teresa compra algunos.

Lección 6

A. 1. a. estos libros   b. este jabón   c. esta toalla   d. estas maletas
2. a. esa tarjeta de crédito   b. esos discos
c. ese mapa   d. esas niñas
3. a. aquellas sillas   b. aquel teléfono
c. aquella chica (muchacha)   d. aquellos chicos (muchachos)

B. 1. (9) está   2. (10) están   3. (6) es   4. (5) es   5. (3) somos / soy / es   6. (8) está
7. (1) es   8. (6) son   9. (7) está   10. (8) está   11. (1) es   12. (3) soy   13. (4) Son
14. (2) es

C. 1. Yo salgo a las dos.   2. Yo traigo los libros y traduzco las lecciones.   3. Yo no hago nada los domingos ni veo a nadie.   4. Yo conozco España pero no sé español.   5. Yo no quepo aquí.   6. Yo conduzco un Cadillac.   7. Yo siempre pongo la mesa.

D. 1. Nosotros conocemos a Teresa. 2. Yo nunca pido dinero. 3. Ellos saben hablar inglés. 4. Oscar me pregunta qué hora es. 5. Armando no sabe japonés.

E. 1. El mozo me sirve arroz con frijoles. 2. El mozo les sirve una botella de vermut. 3. El mozo nos sirve flan con crema. 4. El mozo le sirve pavo relleno. 5. El mozo te sirve camarones. 6. El mozo le sirve lechón asado. 7. El mozo les sirve langosta. 8. El mozo le sirve cordero.

F. 1. –¿Les va(s) a pedir (Va[s] a pedirles) dinero? / –Sí, porque quiero comprar platos.
2. –¿Sabe(s) dónde están los cuchillos? / –No, no (lo) sé...
3. –La fiesta es en la casa de Raquel. ¿Ud. va (Tú vas)? / –No sé...Estoy muy cansado(-a)...
4. –¿Qué me recomienda(s)? / –Le recomiendo la especialidad de la casa: bistec y langosta.

G. CRUCIGRAMA
Horizontal: 3. botella 5. comedia
7. interior 10. embajada 11. declarar
15. frijoles 16. sirven 17. almuerzo
18. viajero 20. anota 21. cancelar
22. botones 25. aniversario 29. plata
30. relleno 31. salgo 33. conozco
34. puré 35. firmar 36. moneda
Vertical: 1. sencilla 2. pimienta
4. privado 5. camarero 6. pregunta
8. tarjeta 9. sé 12. listo 13. helado
14. cuenta 15. fotográfica 19. habitación
23. toalla 24. maleta 26. elevador
27. caro 28. tenedor 31. sopa
32. postre 34. piso

Lección 7

A. 1. – gusta el libro. 2. Le gustan – –. 3. – gusta su trabajo. 4. – gusta este restaurante. 5. – – el postre. 6. Les gusta –. 7. Me gusta bailar. 8. – gusta esta sopa. 9. Le gusta practicar. 10. Nos gustan esos muchachos (chicos). 11. Les gustan los profesores.

B. 1. suya 2. suyo 3. míos 4. suyas
5. tuyo 6. nuestra 7. suyas 8. suyo
9. mía 10. nuestras

C. 1. Hace dos días que (tú) trabajas. 2. Hace un mes que (Ud.) viaja. 3. Hace cuatro horas que (ella) lee. 4. Hace seis horas que (él) duerme. 5. Hace dos horas que (Uds.) bailan. 6. Hace dos horas que (ellos) escriben.

D. 1. Hace veinte minutos que ella espera. 2. Hace dos horas que él trabaja. 3. Hace una hora que ellas hablan. 4. Hace media hora que ellos bailan. 5. Hace cinco años que yo vivo en esta casa.

E. 1. ¿A qué hora volviste? 2. ¿Llegaron Uds. temprano anoche? 3. Nosotros ya lo escribimos. 4. Ella lo cerró. 5. Ellos no nos recibieron. 6. Yo no leí.

F. 1. – me lo das. 2. Yo – lo doy. 3. Nosotros se lo –. 4. Ellos nos lo dan. 5. Yo se lo doy. 6. – se lo das.

G. 1. –¿Te gustan estos bolsos de mano, Rosita? / –Sí, pero me gustan más aquéllos. ¿Puede(s) prestármelos?
2. –¿A Roberto le gusta viajar por avión? / –No, él prefiere viajar por tren.
3. –¿Cuánto tiempo hace que vive(s) en la capital? / Hace diez años que vivo aquí.
4. –¿A qué hora saliste de casa hoy, Evita? / –Salí a las siete de la mañana y volví (regresé) a las cinco de la tarde.
5. –¿Esta maleta (valija) es tuya, Carlos? / –No, la mía es azul.

H. 1. Tengo que devolverle el bolso de mano que me prestó.
2. Hace media hora que Teresa y su amiga hablan por teléfono.

Lección 8

A. 1. Tú te despiertas a las seis de la mañana y te levantas a las seis y cuarto. Te bañas, te afeitas y te vistes. A las siete y media te vas a trabajar. Trabajas hasta las cinco y luego vuelves a casa. No te preocupas si llegas tarde. Lees un rato y luego comes con tu familia. Siempre te acuestas a las diez y media.
2. Él se despierta a las seis de la mañana y se levanta a las seis y cuarto. Se baña, se afeita y se viste. A las siete y media se va a trabajar. Trabaja hasta las cinco y luego vuelve a casa. No se preocupa si llega tarde. Lee un rato y luego come con su familia. Siempre se acuesta a las diez y media.

B. 1. el pelo   2. La libertad / el dinero   3. las mujeres / los hombres   4. el vestido blanco   5. la cabeza   6. el vino / los refrescos

C. 1. Sí, fuiste tú.   2. Sí, fui a la peluquería.   3. Sí, te lo di.   4. Sí, me lo dieron.   5. Sí, fuimos a verla.   6. Sí, te (se) la dimos.   7. Sí, fueron ustedes.   8. Sí, me las dio.   9. Sí, fuimos nosotros.   10. Sí, me la dio (diste).

D. 1. Sintió frío.   2. Durmieron dos horas.   3. Me pidió la aspiradora.   4. Repitió el poema.   5. Me mintió.   6. Consiguieron una habitación.   7. Siguió hablando.   8. Todos murieron.

E. 1. –¿A qué hora se levantó Ud. hoy, Srta. Paz? / –Me levanté a las cinco, me bañé, me vestí y (me) fui a trabajar.
2. –¿Él le pidió dinero (a Ud.), señor Rodríquez? / –Sí, y yo se lo di. Fue al cine con su novia.
3. –¿Qué va(s) a hacer ahora? / –Me voy a lavar (Voy a lavarme) la cabeza. ¿Dónde está el champú?

F. CRUCIGRAMA
Horizontal: 2. vuelta   5. farmacia   7. bolso   9. escoba   10. retraso   12. ocupado   16. equipaje   19. botiquín   20. prestar   22. semana   24. viajes   26. apartamento   28. aspiradora   29. regalo   30. revista
Vertical: 1. largo   2. viajera   3. cabeza   4. ensucia   6. comprar   8. hora   11. entrada   13. próximo   14. ventanilla   15. peine   17. concierto   18. tarjeta   21. peluquería   23. acordarse   25. generalmente   27. rizador

Lección 9

A. 1. Uds. trajeron la bolsa de dormir y la pusieron en la tienda de campaña.   2. ¿Qué hiciste el sábado? ¿Viniste a la playa?   3. No pude ir de vacaciones porque no tuve tiempo.   4. Elsa no estuvo en la cabaña.   5. Nosotros no lo supimos.   6. ¿Qué dijeron ellos del salvavidas?   7. Ud. no quiso montar a caballo.   8. Rubén condujo en la autopista.

B. 1. Ella pasa por el correo.   2. Ella se preocupa por sus hijos.   3. El dinero es para María.   4. Viajamos por tren.   5. Hay vuelos para Buenos Aires.   6. Necesito el vestido para el sábado.   7. Te doy diez dólares por esta maleta (valija).   8. Vengo por la noche.   9. Me dio cinco dólares para comprar el libro.

C. 1. (9) para   2. (4) por   3. (1) por   4. (11) Para   5. (6) por   6. (3) por   7. (8) para   8. (10) para   9. (9) para   10. (12) para   11. (2) por   12. (5) por

D. 1. –, prestaba, prestabas, prestaba, prestábamos, prestaban
2. terminar, –, terminabas, terminaba, terminábamos, terminaban
3. devolver, devolvía, –, devolvía, devolvíamos, devolvían
4. nadar, nadaba, nadabas, –, nadábamos, nadaban
5. leer, leía, leías, leía, –, leían
6. salir, salía, salías, salía, salíamos, –

E. 1. eras / ibas / veías   2. era / iba / veía   3. éramos / íbamos / veíamos   4. eran / iban / veían

F. 1. –Nosotros vamos a acampar cerca del lago. / –Supongo que van a nadar... / –Sí, pienso llevar mi traje de baño.
2. –Nosotros nos divertíamos cuando éramos niños. / –Sí, íbamos a la playa y a las montañas de vacaciones... / – Visitábamos a nuestra abuela todos los fines de semana.
3. –Yo salgo para México mañana. / –¡Magnífico! ¿Va(s) por avión? / –Sí, y voy a estar allí por un mes.
4. –Yo no vine a clase porque tuve que trabajar. / –Yo no pude venir tampoco. Estuve en el hospital toda la tarde. –¿Qué le dijiste al profesor (a la profesora)? / –Nada.

G. 1. La playa me gustó mucho, pero había demasiada gente.
2. Compré una caña de pescar para ir de pesca contigo.
3. Voy a casa para empezar a hacer las maletas.

Lección 10

A. 1. fui   2. iba / vi   3. tuvo   4. tenía   5. visitó   6. visitaba   7. dijo / dolía   8. Eran / atropelló

B. 1. conocimos   2. conocía   3. supieron
4. sabías   5. quiso   6. quería

C. 1. Hace tres días que empezamos
(comenzamos). Empezamos (Comenzamos)
hace tres días.   2. Hace veinte minutos que
terminaron la clase. Terminaron la clase hace
veinte minutos.   3. Hace dos meses que me
rompí el brazo. Me rompí el brazo hace dos
meses.   4. Hace dos años que me pusieron
una inyección antitetánica. Me pusieron una
inyección antitetánica hace dos años.

D. 1. fácilmente   2. rápidamente   3. lenta y
claramente   4. alegremente   5. felizmente

E. 1. –¿Estas personas son alérgicas a alguna
medicina? –No, pero las dos tienen fiebre alta.
2. –Tengo mareos. –¿Está enferma? – No, pero
creo que estoy embarazada.   3. –¿Ud.
conocía a la esposa del doctor Vera, Srta.
Peña? –Sí, la conocí hace dos meses.
4. –¿Cómo se siente (te sientes)? –El pecho, la
espalda y el cuello me duelen mucho. –¿Vio
(Viste) al médico? –Sí, fui a su consultorio esta
mañana y me dio esta medicina.
5. –¿Cuándo fue la última vez que le (te)
pusieron una inyección antitetánica?– El año
pasado, cuando me corté el dedo del pie.

F. 1. enfermero(-a)   2. alérgico(-a)   3. corté
4. limpiar   5. herida   6. ambulancia
7. operar   8. médico   9. accidente
10. sala   11. ojos   12. rayos   13. dolor
Proverbio: El tiempo es oro.

G. 1. la cabeza (el pelo)   2. el ojo   3. la nariz
4. los dientes   5. la lengua   6. la boca
7. la oreja   8. el oído

H. CRUCIGRAMA
Horizontal: 1. cara   4. pierna
6. excursión   7. río   8. alguna
10. quebrado   12. apendicitis
14. campaña   15. desierto   17. atropelló
18. divertirse   20. análisis   23. vendar
24. alquilar   25. trucha   27. cántaros
29. hacer   30. receta   31. sangraba
Vertical: 2. alérgica   3. esquiar   4. pastillas
5. ambulancia   8. aspirina   9. pies
11. embarazada   13. radiografía
16. caballo   18. desinfectar   19. enfermera
20. antitetánica   21. nariz   22. vías
26. autopista   28. pesca

Lección 11

A. 1. que   2. que   3. quienes   4. que
5. quien

B. 1. estudie, estudies, estudie, estudiemos,
estudien   2. beba, bebas, beba, bebamos,
beban   3. reciba, recibas, reciba, recibamos,
reciban   4. –, hagas, haga, hagamos, hagan;
5. diga, –, diga, digamos, digan   6. entienda,
entiendas, –, entendamos, entiendan
7. vuelva, vuelvas, vuelva,– , vuelvan
8. sugiera, sugieras, sugiera, sugiramos,–
9. duerma, duermas, duerma, –, duerman
10. mienta, mientas, mienta, mintamos,–
11. –, busques, busque, busquemos, busquen
12. pesque, pesques, pesque, pesquemos,
pesquen   13. dé, –, dé, demos, den
14. esté, estés, –, estemos, estén   15. vaya,
vayas, vaya,– , vayan   16. sea, seas, sea,
seamos, –   17. –, sepas, sepa, sepamos,
sepan

C. Yo quiero que – aprendas.   2. – quieres que
él salga.   3. Ella quiere que nosotros –.
4. Nosotros queremos que – venga.
5. – quieren que ellos entiendan.   6. Ellos
quieren que– recuerden.   7.– quieren que
nosotros estudiemos.   8. Ellos quieren que
nosotros –.   9. – quiere que nosotros
mintamos.   10. Yo quiero que – camines.
11. Ellos quieren que – entren.   12. Ella
quiere que él trabaje.   13. Nosotros
queremos que ellos vayan.

D. 1. firme la carta.   2. nosotros le demos el
cheque.   3. tú tengas que pagar en efectivo.
4. vaya al Banco Nacional.   5. ellos dejen el
rollo de película para revelarlo.   6. yo llene
la solicitud.   7. se quede en la cama.
8. nosotros estacionemos la motocicleta
frente al banco.   9. yo recoja los pantalones?
10. ella pague al contado.   11. el saldo sea
de más de quinientos dólares.   12. ellos no
lo sepan.

E. 1.– Espero que Ud. tenga (tú tengas) su (tu)
talonario de cheques. – No, no lo traje.
2. –Mi madre no quiere que yo solicite un
préstamo. –Ella tiene razón...   3. –No puedo
pagar el coche al contado. –Le sugiero que lo
compre a plazos, señorita Vega.   4. –¿Qué
quiere ella que (tú) hagas, Anita? –Quiere
que haga algunas diligencias.

F. 1. La semana pasada traje un rollo en blanco y negro para revelar.   2. Eduardo está cansado y quiere quedarse en cama hasta tarde.   3. El muchacho que se llevó la motocicleta dijo que usted era su hermano.

Lección 12

A. 1. –, camine, caminen   2. –, beba, beban   3. –, suba, suban   4. –, haga, hagan   5. –, esté, estén   6. –, comience, comiencen   7. –, pida, pidan   8. –, cuente, cuenten   9. –, –, vayan   10. –, sea, –

B. 1. Envíelas hoy.   2. No los retiren ahora.   3. Llámenos más tarde.   4. Déjenmela en la oficina de correos.   5. No se los dé a él.   6. Díganselo a sus padres.   7. No se preocupe por eso.   8. Tráiganmelo mañana.

C. 1. están   2. viene   3. sea   4. llegan   5. tenga   6. es   7. quede   8. consigan   9. tengamos   10. se levanten   11. es   12. necesitamos

D. 1. La oficina de correos se abre a las diez.   2. Se sale por aquella puerta.   3. Se cierran a las tres.   4. Se habla portugués.   5. Se dice «semáforo.»

E. 1. –Creo que ella tiene los paquetes. –No, no creo que ella los tenga.   2. –Él dice que necesito un pasaporte y una visa para viajar por España. –Es verdad que Ud. (tú) necesita(s) un pasaporte, pero no es verdad que necesite(s) una visa.   3. –Podemos tomar el metro. –Dudo que haya metro en esta ciudad.   4. –¿A qué hora se abre la tintorería? –Se abre a las nueve.

F. CRUCIGRAMA
Horizontal: 3. cama   4. diligencias   5. aérea   7. subir   9. queda   11. ventanilla   15. estampilla   19. derecho   21. rojo   24. despertador   25. plazos   26. pobres   27. estacionar
Vertical: 1. película   2. casillero   5. arriba   6. puntual   8. identidad   10. telégrafos   12. antiguo   13. extranjero   14. caminar   16. tintorería   17. giro   18. efectivo   20. cuenta   22. depositar   23. fechar

Lección 13

A. 1. Vamos a un restaurante donde sirven comidas mexicanas.   2. ¿Hay algún restaurante donde sirvan comidas mexicanas?   3. Tengo una empleada que habla inglés.   4. Necesito una empleada que hable inglés.   5. Tengo una amiga que es de España.   6. No conozco a nadie que sea de España.   7. Hay un señor que quiere comprarlo.   8. No hay nadie que quiera comprarlo.

B. 1. lleguemos   2. llega   3. vuelva   4. llame   5. diga   6. dio   7. termines   8. pedí   9. vengan   10. termino

C. 1. vengas / trabaje / salgan / se vaya   2. firmes / vea / hablen / sepamos   3. pueda / hable / quieran / compren   4. diga / tengas / piense / se vayan

D. 1. ¿Cuál es su (tu) apellido?   2. ¿Cuál es su (tu) número de teléfono?   3. ¿Qué es la sangría?   4. ¿Qué es una enchilada?   5. ¿Cuál es su (tu) dirección?   6. ¿Cuál es su (tu) número de seguro social?

E. 1. sino   2. pero   3. sino   4. pero   5. sino

F. 1. –Necesitamos una casa que tenga por lo menos cuatro cuartos. –No creo que Ud. (tú) pueda(s) encontrar una por menos de noventa mil dólares.   2. –¿Va(s) a comprar un refrigerador? –Sí, a menos que el apartamento tenga uno.   3. –Cuando nos mudemos, les vamos a mandar nuestro número de teléfono. –Tan pronto como lo reciba, voy a llamarlos.   4. –¿Sabe(s) dónde puedo comprar una casa que sea grande, cómoda y barata? –Sí, pero no en este barrio.   5. –¿Hay alquien aquí que hable español? –Sí, hay dos chicas (muchachas) que hablan español.   6. –¿Vamos a ir a la playa mañana, aunque llueva? –No, si llueve vamos a quedarnos en casa.

G. 1. Te voy a llamar tan pronto como llegue de la universidad.   2. Van a mudarse porque necesitan un apartamento que esté cerca de la universidad.

Lección 14

A. 1. traído   2. cubierto   3. hecho
4. abierto   5. usado   6. dicho   7. escrito
8. comido   9. vuelto   10. muerto
11. envuelto   12. roto   13. ido
14. cambiado   15. visto   16. recibido
17. leído   18. puesto

B. 1. Hemos ido de compras. / Habíamos ido de
compras.   2. He comprado la chaqueta. /
Había comprado la chaqueta.   3. Lo han
puesto en el ropero. / Lo habían puesto en el
ropero.   4. ¿Has comido algo? / ¿Habías
comido algo?   5. Se ha quedado en la planta
baja. / Se había quedado en la planta baja.
6. Hemos salido al mismo tiempo. / Habíamos
salido al mismo tiempo.   7. Han abierto el
probador. / Habían abierto el probabor.
8. Me has dicho que sí. / Me habías dicho que
sí.

C. 1. El sofá está cubierto.   2. Los niños están
dormidos.   3. La puerta está abierta.   4. Los
libros están cerrados.   5. La carta está escrita
en español.   6. La ventana está rota.   7. Los
hombres están parados en la esquina.   8. La
mujer está sentada.   9. El baño está ocupado.

D. 1. habla / no hables   2. come / no comas
3. escribe / no escribas   4. hazlo / no lo
hagas   5. ven / no vengas   6. báñate / no te
bañes   7. aféitate / no te afeites
8. duérmete / no te duermas   9. póntelo / no
te lo pongas   10. ve / no vayas   11. sé / no
seas   12. véndemelo / no me lo vendas
13. levántate / no te levantes   14. ten / no
tengas   15. sal / no salgas   16. díselo / no
se lo digas

E. 1. –¿Va (Vas) a comprar la bolsa (cartera) roja?
–Sí, porque hace juego con mis sandalias.
2. –Dime, Anita, ¿dónde has puesto tu
billetera? –La he puesto en mi cartera (bolsa).
3. –¿Cambió Olga las botas que Ud. le había
(tú le habías) comprado? –Sí, porque le
quedaban chicas.   4. –¿Le (te) envuelvo los
zapatos? –Sí, envuélvamelos (envuélvemelos),
por favor.   5. –¿Vas a ir de compras, Rosa?
–Sí, porque no tengo nada que ponerme.
–Hazme un favor. Cómprame un par de
guantes.   6. –¿Quieren comer algo? –Sí,
¡estamos muertas de hambre!

F. CRUCIGRAMA
Horizontal: 1. chaqueta   4. medio
7. calza   9. sueldo   10. camisa
12. muebles   13. falda   16. calefacción
17. calcetines   19. sábanas
20. departamento   22. muerto(-a)
24. rebaja   25. aprietan   27. barrio
28. billetera   31. cartera   32. zapatería
35. mudarnos   36. menos
37. dependiente
Vertical: 2. almohada   3. sillón   5. sala
6. jardín   7. cortina   8. guantes
11. realista   13. fregadero   14. enojado
15. ropa   18. dormitorio   21. probador
23. frazada   26. talla   29. escalera
30. acondicionado   33. armario
34. amueblado   38. estar

Lección 15

A. 1. revisaré, revisarás, revisará, revisaremos,
revisarán   2. –, dirás, dirá, diremos, dirán
3. haré, –, hará, haremos, harán   4. querré,
querrás, –, querremos, querrán   5. sabré,
sabrás, sabrá, –, sabrán   6. podré, podrás,
podrá, podremos, –   7. –, cabrás, cabrá,
cabremos, cabrán   8. pondré, –, pondrá,
pondremos, pondrán   9. vendré, vendrás, –,
vendremos, vendrán   10. tendré, tendrás,
tendrá, –, tendrán   11. saldré, saldrás, saldrá,
saldremos, –   12. –, valdrás, valdrá,
valdremos, valdrán   13. iré, –, irá, iremos, irán
14. seré, serás, –, seremos, serán

B. 1. Lo cambiaremos mañana.   2. Lo instalarán
el sábado.   3. Lo sabrá(s) esta noche.
4. Podrá venir esta tarde.   5. La pondré en la
batería.   6. Vendré con David.   7. Les
traeremos un silenciador.   8. Uds. tendrán
que arreglarlo.

C. 1. ¿Qué hora será?   2. ¿Donde estará la
licencia?   3. ¿Funcionará el motor?   4. ¿Qué
estará haciendo Mary?   5. ¿Estará vacío el
tanque?

D. 1. Dijeron que irían.   2. Ud. dijo (Tú dijiste)
que lo haría (harías).   3. Yo dije que saldría.
4. Uds. dijeron que pararían aquí.
5. Nosotros dijimos que lo pondríamos allí.
6. Dijo que llenaría el tanque.   7. Yo dije
que no lo diría.   8. Yo dije que tendría que

arreglar los frenos. 9. Nosotros dijimos que ellos no cabrían. 10. Dijo que el coche valdría mucho.

E. 1. –¡Caramba! ¿Dónde habrá una estación de servicio? –Habrá una cerca de aquí... 2. –¿Cuál es la velocidad máxima en la carretera? –Noventa kilómetros. –Vas demasiado rápido. Te van a dar (poner) una multa. 3. –¿Qué le pasaría a Roberto anoche? –Tendría un pinchazo. 4. –¿Qué dijo el mecánico? – Dijo que revisaría el carburador.

F. 1. La velocidad máxima es de noventa kilómetros por hora. 2. Te van a poner una multa porque estás manejando muy rápido.

Lección 16

A. 1. Sí, comamos ahora. 2. Sí, salgamos ahora. 3. Sí, escribámoslo ahora. 4. Sí, sentémonos ahora. 5. Sí, comprémoslos ahora. 6. Sí, vamos ahora. 7. Sí, visitémosla ahora. 8. Sí, digámoselo ahora. 9. Sí, hagámoslo ahora. 10. Sí, cenemos ahora.

B. 1. Sí, ya me habré levantado para las seis. 2. Sí, ya habrá terminado la liquidación para el sábado. 3. Sí, ya habré lavado las verduras para las cuatro. 4. Sí, Anita ya se habrá vestido para las siete. 5. Sí, los niños ya se habrán despertado para las ocho. 6. Sí, las clases ya se habrán terminado para mayo.

C. 1. – habrías cerrado. 2. Él habría –. 3. – habría trabajado. 4. Nosotros – ganado. 5. Yo habría –. 6. Ellos habrían –. 7. Yo – bailado. 8. – habrías abierto. 9. Él – escrito. 10. – habría dicho. 11. Nosotros – comido. 12. Ellos habrían vuelto.

D. 1. Ellos se encuentran en el mercado. 2. Nosotros nos hablamos. 3. Uds. se quieren. 4. Ana y Juan se escriben.

E. 1. –Ana, vamos al cine esta noche. –No, no vayamos al cine. Vamos a un concierto. 2. –Anita quería comprar entradas para el concierto. –De haberlo sabido, yo se las habría comprado. 3. –Yo puedo ir al supermercado con Ud. (contigo). Estaré en

casa a las diez. –Para entonces se habrá cerrado. 4. –¿Uds. se ven muy a menudo? –No, pero nos llamamos todos los domimgos.

F. CRUCIGRAMA
Horizontal: 1. remolcar 4. neumático 5. vacío 7. zoológico 8. feriado 11. acumulador 14. multa 15. vinagre 16. lechuga 17. velocidad 20. naranja 23. chapa 25. maletero 26. supermercado 27. película
Vertical: 1. recién 2. conducir 3. gasolinera 6. portaguantes 9. durazno 10. mantequilla 12. manzana 13. diversiones 18. descompuesto 19. zanahorias 21. ganas 22. higiénico 24. pescado

Lección 17

A. 1. No, pero temo que se haya ido. 2. No, pero ojalá que se hayan levantado. 3. No, pero no creo que las haya traído. 4. No, pero dudo que se las hayan dado. 5. No, pero espero que lo hayan conseguido. 6. No, pero temo que la hayan roto. 7. No, pero ojalá que lo haya puesto. 8. No, pero dudo que haya vuelto.

B. 1. comiera 2. saliéramos 3. fueras 4. pudiera 5. trajeran 6. anduviéramos 7. pusiera 8. diera 9. durmieras 10. sirviera 11. dijera 12. vinieran 13. tuviéramos 14. hicieran 15. fueran

C. 1. Me sugirió que tomara química. 2. Nos sugirió que habláramos con el consejero. 3. Temían que nosotros no viniéramos. 4. Me aconsejó que pidiera una beca. 5. Buscábamos una casa que tuviera piscina. 6. Esperaban que yo pudiera asistir a la universidad. 7. Quería que me trajeras un diccionario. 8. Queríamos que nos llevaras al partido de fútbol.

D. 1. – que–hubieras ido. 2. – que–hubieran terminado. 3. Dudaba que ella hubiera– 4. Temía que ella – casado. 5. – que ella hubiera vuelto. 6. No creí que–hubieras salido. 7. Sentíamos que – hubieran salido. 8. Esperaba que ella hubiera aprendido. 9. – que Rosa se hubiera desvestido. 10. – que ellos hubieran empezado. 11. Ud. no creyó que nosotros hubiéramos comido.

E. 1. –¿Ud. tiene que hablar con su abogado, señorita Soto? –Sí, espero que haya llegado. Le pedí que viniera a las diez.   2. –Mi hermano me sugirió que estudiara administración de empresas. –Mi padre quería que yo fuera periodista.   3. –Sentía que ellos no tuvieran bastante dinero para pagar la matrícula. –Quizás (tal vez) ellos consiguieron una beca...   4. –No creo que ella haya pasado el examen. –Yo le dije que estudiara...

F. 1. Es una lástima que no se haya matriculado en la clase de física.   2. A mis padres les gustaría que yo estudiara periodismo.

Lección 18

A. 1. Si tuviera tiempo, jugaría al fútbol.   2. Si estuviera de vacaciones, nadaría.   3. Si tuvieran hambre, comerían.   4. Si pudiéramos, estudiaríamos juntos.   5. Si no tuvieras que trabajar, dormirías.   6. Si fueran a la fiesta, bailarían.   7. Si no fuera sábado, él iría a la escuela.

B. 1. Si el coche está descompuesto, lo arreglaremos.   2. Si quieren hamburguesas, irán a McDonald's.   3. Si está enferma, irá al médico.   4. Si tienes el periódico, lo leerás. 5. Si pasa por aquí, lo tomarán.

C. 1. solicitar / solicites   2. comprar / compre 3. reservemos / reservar   4. conseguir / consigan   5. estén / estar   6. llegar / llegáramos   7. hacer / hiciera   8. tengas / tener
1. hable / una secretaria que habla francés.
2. enseñan / enseñe matemáticas.   3. sirva / sirve comida italiana.   4. pueda / un empleado que puede hacer ese trabajo.
5. sea / es francés.
1. termines / terminaste   2. necesito / necesite   3. termine / termino   4. lleguen / llegaron
1. quieran / que ellos quieren trabajar en esa ciudad.   2. tenga / de que él tiene un coche automático.   3. salgamos / que nosotros salimos el sábado.   4. llovía / llueva mucho.
1. haya dado / que yo le he dado un abrazo.
2. hayamos dicho / que nosotros hemos dicho eso.

D. _____
_____
_____

Sr. David Martínez, Jefe de
    personal
Compañía Gómez y Hnos.
Libertad #480
Buenos Aires, Argentina

E.   SAMPLE
Lo estamos pasando divinamente. Ojalá estuvieras aquí.
                Besos,

F. 1. –Ella fue a la tienda y compró dos vestidos, un par de zapatos y una bolsa. ¡Gastó cuatrocientos dólares! –Sí. Algunas veces ella gasta dinero como si fuera millonaria.
2. –¿Qué te dijo Marta que hiciera(s)? –Me dijo que alquilara un carro de cambios mecánicos.   3. –No pude dormir nada anoche. –Si hubieras reservado litera, habrías dormido bien.

G. CRUCIGRAMA:
Horizontal: 3. boleto   6. andén   9. beca
    10. reservar   11. Sevilla   12. gastan
    13. diario   16. trasbordar   18. descuento
    19. matrícula   20. vuelto   23. salida
    24. litera   25. escala   28. comedor
    29. mantener   30. asegurado   33. Facultad
    34. válido   35. abogado
Vertical: 1. aeróbica   2. semestres
    4. permiso   5. materia   7. nota   8. norte
    10. rápido   12. equipajes   14. itinerario
    15. partido   17. secundaria   21. este
    22. palabra   23. sacar   26. administración
    27. siempre   31. tarifa   32. cambios

ANSWERS TO LABORATORY MANUAL DICTATIONS

Pasos 1–3

1. Hasta mañana, señorita.   2. El gusto es mío, señor Mena.   3. ¿Cómo te llamas?
4. Muchas gracias, profesor Peña.   5. ¿Qué día es hoy?   6. ¿Cuál es tu número de teléfono?

Lección 1

1. Ana desea hablar con Raquel.   2. ¿A qué hora regresa Pedro?   3. ¿Qué hay de nuevo, Marta?   4. ¿Tú trabajas en el hospital esta noche?   5. Yo también necesito dinero.

Lección 2

1. ¿Vives lejos o cerca?   2. ¿A qué hora vienes mañana?   3. Debe tener conocimiento de computadoras.   4. Tiene que llenar la solicitud.   5. Susana lee un anuncio en el periódico.

Lección 3

1. Susana invita a sus compañeros.
2. Vamos a ir al baile del club.   3. ¿Por qué no vamos a la terraza?   4. Esta orquesta es fantástica.   5. No tengo hambre, pero tengo mucha sed.

Lección 4

1. ¿Tú extrañas a tu familia?   2. Asiste a la universidad.   3. Voy a viajar a México.
4. ¿Quieren ver unas fotografías?   5. Las clases empiezan en septiembre.

Lección 5

1. Sólo tengo esta cámara fotográfica.   2. La oficina de turismo es aquélla a la izquierda.
3. Hay un ómnibus que la lleva al centro.
4. Quiero una habitación sencilla con baño privado.   5. En seguida viene el botones a llevarlas.

Lección 6

1. Ellos celebran su aniversario de bodas.
2. Ella les pregunta qué van a hacer hoy.
3. ¿Van a ir al cine o al teatro?   4. Quiero recomendarles la torta helada.   5. Conozco un restaurante excelente.

Lección 7

1. Yo pagué exceso de equipaje.   2. El avión salió con dos horas de retraso.   3. Compré el pasaje en una agencia de viajes.   4. La próxima vez tenemos que viajar juntas.
5. Nos vemos mañana al mediodía.

Lección 8

1. Yo cociné y planché mi vestido rojo.
2. Ahora tienen que bañarse y vestirse.
3. Carlos está leyendo una revista.   4. La peluquería no está lejos de la farmacia.
5. ¿Tiene el pelo lacio o tiene rizos?   6. Hay menos gente por la mañana.

Lección 9

1. A ella le gusta la vida al aire libre.   2. El traje de baño me costó un ojo de la cara.
3. Vinieron ayer, pero no trajeron los folletos.
4. Ellos siempre montaban en bicicleta.
5. ¿Me lo dijiste en serio o estabas bromeando?

Lección 10

1. Ahora está en la sala de emergencia.
2. Voy a desinfectarle la herida.   3. ¿Me va a vendar el brazo?   4. Le pusieron una inyección contra el tétano.   5. Soy alérgica a la penicilina.   6. ¿Va a recetarme alguna medicina?

Lección 11

1. Está en el departamento de fotografías.
2. ¿Cuánto cobran por revelar un rollo?
3. Estaciona su motocicleta frente al banco.
4. Lo va a depositar en su cuenta de ahorros.
5. El próximo martes trece no salgo de casa.

Lección 12

1. El señor está leyendo el periódico.
2. Está a cinco manzanas de aquí. 3. Debe seguir derecho por esta calle. 4. El edificio está ahí mismo. 5. Quiero enviar estas cartas por vía aérea.

Lección 13

1. Es un aguafiestas porque siempre está enojado. 2. Necesitamos sábanas y almohadas. 3. Trajeron las frazadas al día siguiente. 4. En vez de ir al cine fueron al teatro. 5. Se mudaron porque la casa no tenía garaje.

Lección 14

1. Hay mucha gente porque hoy hay una liquidación. 2. ¿Cuánto cuesta la blusa anaranjada? 3. Estos zapatos hacen juego con mi bolsa. 4. ¿Se las envuelvo o va a llevárselas puestas? 5. La zapatería no está abierta todavía.

Lección 15

1. La velocidad máxima es de noventa kilómetros. 2. Tendrá que cambiar el filtro de aceite. 3. El silenciador no funciona bien. 4. El tanque está casi vacío. 5. Yo compraría un limpiaparabrisas nuevo.

Lección 16

1. Quiero una docena de huevos.
2. Necesito zanahorias y cebollas. 3. Están en el cine haciendo cola. 4. Tienen una cita para ir al cine. 5. La cena estuvo muy buena. 6. Se van a encontrar en la biblioteca.

Lección 17

1. Mi consejero me sugirió que la tomara.
2. Ésa va a ser mi especialización.
3. Entonces puede tomar química y sociología. 4. Ahora que me acuerdo tengo un examen. 5. A ti te gustan las ciencias.

Lección 18

1. Han decidido viajar por el sur de España.
2. Es mejor que reservemos litera. 3. Si lo hubiéramos sabido, habríamos ido.
4. Espero que no tengamos que trasbordar.
5. Queremos un coche de cambios mecánicos.